AF590631

ESSAI HISTORIQUE

SUR LA VIE

DE

MARIE-ANTOINETTE,

REINE DE FRANCE ET DE NAVARRE,

Née Archiducheſſe d'Autriche, le deux Novembre 1755 :

ORNÉ DE SON PORTRAIT,

ET rédigé ſur pluſieurs Manuſcrits de ſa main;

SECONDE PARTIE.

De l'an de la liberté Françoiſe 1789.

A VERSAILLES,

Chez LA MONTENSIER, Hôtel des Courtiſannes.

ESSAI HISTORIQUE
SUR LA VIE
DE
MARIE-ANTOINETTE,

REINE DE FRANCE ET DE NAVARRE,

Née Archiducheſſe d'Autriche, le 2 Novembre 1755.

CHAPITRE PREMIER.

Introduction aux nouveaux événemens de ma vie (1).

TOUT l'univers a maintenant les yeux fixés ſur moi. Tel eſt le ſort des grands. Comptables de leurs actions envers la multitude, la prudence & la ſageſſe doivent en former la marche; malheur à celui où celle

(1) Depuis l'année 1781.

qui, négligeant la pratique de ses vertus, se voue à l'exécration publique, & n'a d'autre partage à espérer que la haine & les vœux de l'indignation. Les cris de la douleur retentissent à mes oreilles, ma mort est l'objet des desirs d'un Peuple entier que j'opprimai avec la plus grande barbarie, les étrangers mêmes ne prononcent mon nom qu'avec horreur. L'image du désespoir est par-tout sous mes yeux; voilà mon sort, ah! je l'ai bien mérité.

Un époux indignement offensé, des enfans à qui la voix publique apprend la défectuosité de leur naissance, en leur en reprochant la honte; un Royaume bouleversé, des Ministres persécutés, une Nation en proie au brigandage, les Trésors publics pillés, des Princes séduits, la confiance trahie, le spectacle déchirant des Citoyens inhumainement massacrés, le monstrueux assemblage des vices affreux & des crimes exécrables; Antoinette, voilà ton ouvrage, & les vertus que tu portes sur le Trône.

O ma mere! vous l'aviez bien prévu. A l'époque de ma naissance, le poison de la haine circuloit dans votre sein, vous abhorriez le sang François, & en voyant les vices dont j'infectai ces climats se développer avec l'âge, vous jouissiez intérieurement du barbare plaisir de la vengeance.

Les annales de votre regne ont abusé la postérité sur le compte de vos vertus, le nom de Marie-Thérese se prononçoit avec respect & vénération, le culte religieux que vous rendiez à l'Eternel (1) excitoit l'admiration, & l'ignorance ger-

(1) Marie-Thérese, Reine de Hongrie, a étonné toute la terre par son zele affecté pour la religion. Le bigotisme a été la manie de son

manique, captivée par une erreur fanatique, une grossiere superstition, se prosternoit devant le masque imposteur dont vous couvriez vos projets de destruction.

Vous emportâtes dans la tombe le doux espoir que je réaliserois un jour votre horrible spéculation, je l'ai remplie au-delà de vos voeux. Fille du crime, je viens de l'enfanter à mon tour ; je suis un monstre exécré de la nature entiere, & à telle place que l'Etre-suprême vous aie fait asseoir, jouissez ma mere, jouissez du fruit de mes travaux criminels.

Jai tout fait, tout hasardé pour

---

regne ; c'est pourtant cette Impératrice qui enchantoit son Peuple par l'apparence des vertus, qui dit, en envoyant Marie-Antoinette en France : *Combien je me venge de cette Nation en lui donnant un pareil monstre!*

alimenter l'ambition & la cupidité de mon frere, votre ſucceſſeur. Ah! qu'il doit s'applaudir d'avoir retrouvé ſon ame dans la mienne, & l'imitatrice de ſes déſordres ſur le Trône de France. La chaîne du crime nous unit, nos cœurs ſont dignes l'un de l'autre.

Dès mes tendres années, j'annonçai ce que je devois être un jour. Comment la politique Françaiſe a-t-elle pu s'y tromper? Comment a-t-elle pu ſe réſoudre à adopter pour ſa future Reine, une femme déjà flétrie, ayant fait le ſacrifice de ſon innocence & de ſa pureté, le cœur gangrené de déſordres, & dont la réputation équivoque lui devoit à jamais fermer toute iſſue au rang illuſtre qu'elle occupe?

Catherine de Médicis, Cléopâtre, Agrippine, Meſſaline, mes forfaits ſurpaſſent les vôtres, & ſi le ſouvenir de vos infames horreurs excite encore le frémiſſement, ſi ſon affreux détail fait dreſſer les cheveux & verſer des larmes, quels ſentimens naîtront à la connoiſſance de la vie cruelle & lubrique de Marie-Antoinette d'Autriche, & quelles furies pourront lui être comparées ?

Reine barbare, épouſe adultere, femme ſans mœurs, ſouillée de crimes & de débauches, voilà les titres qui me décorent ; ils ne me ſont point prodigués par la méchanceté, l'équité me les décerne. Sans doute ils orneront un jour mon buſte, & placé au temple de l'immortalité, l'univers apprendra par lui quel étoit le monſtre infame qui déſola la France au dix-huitieme ſiecle. Et la révélation de mes fureurs atroces, atteſtées par la vérité, ſaura le convaincre de la poſſibilité de mon horrible exiſtence.

Sans pitié pour les malheureux, jamais la misere publique ne fit naître en moi la compassion. Inclination farouche, dissipation portée à l'excès, mettant le frivolisme au rang des plus graves occupations, l'indécence, le libertinage caractériserent les premieres années d'un Hymen formé sous les plus facheux auspices : la premiere partie de ma vie forme le détail des diverses gradations de mes penchans. La seconde confirmera le peu d'espoir que j'ai toujours donné à la Nation, d'un retour à la vertu. Je serai quelquefois obligée de revenir sur mes pas ; mais je ne veux rien passer sous silence ; lisez & frémissez.

CHAPITRE II.

Origine des désordres auxquels je me livrai ; ils sont portés à l'extrême. Goût décidé pour les spectacles nocturnes.

A mon arrivée en France, Paris & la Cour offroient le spectacle du luxe le plus effrayant pour toute autre que pour moi ; coquette, vive & passionnée, je m'y livrai sans réserve, & bientôt d'énormes dépenses présagerent au petit nombre des personnes sensées du Royaume que la continuation d'un excès semblable entraîneroit infailliblement la ruine générale.

Le grand-Papa (1) n'étoit plus,

(1) C'étoit ainsi que Marie-Antoinette surnommoit Louis XV.

à proprement parler, qu'une machine dont la Trigaude & Sale Dubarry faisoit mouvoir tous les ressorts, & qui n'agissoit que par l'inspiration de cette créature débordée. Richelieu, ce sardanapale, infecté des incommodités d'un dégoûtant libertinage, présidoit aux plaisirs de la Cour. Agent secret des orgies scandaleuses de son Maître & de son Roi, il profitoit de l'humiliante léthargie de ce Monarque, engourdi par la crapule, pour dicter & faire exécuter des loix dures & tyranniques.

Mon auguste époux, gémissant de ce révoltant abus, rebuté du peu de fruit de ses sages exhortations, venoit de faire divorce avec les imitateurs de la conduite de Louis XV.

Mon très-cher frere cadet, aujourd'hui *Monsieur*, dans la décadence de la monarchie, ne prenoit conseil que de son égoïsme & de son intempérance.

Le Comte d'Artois que je dédaignai d'abord, & qui, par une bizarrerie assez ordinaire à mon sexe, devint dans la suite mon favori, mon amant, mettoit toute sa gloire à s'avouer le Coryphée des dissolus de la Cour.

Les catins célebres étoient ses très-cheres dulcinées. Sans choix, sans distinction, ce jeune Sultan, méprisé dans son propre serrail par les esclaves vils & rampants de ses plaisirs obscènes, jettoit honteusement le mouchoir à la plus déréglée de ces laïs.

Dans ce tourbillon d'égaremens, de folies & de ridicules, une belle femme, un beau cheval sollicitoient les places, les récompenses, distribuoient les gouvernemens, & l'engouement étoit devenu si fort, l'épidémie si générale, que quiconque auroit osé trouver des défauts à l'excellent Coureur & à la Haquenée favorite du Comte d'Artois, il eût été sûr d'être envoyé, par le Sartine, à la Bastille, comme criminel d'Etat; on ne pouvoit cependant guere s'entretenir que de ces puérilités, puisque l'Etat alors en étoit un assemblage parfait.

Le d'Aiguillon s'occupoit de vexations & de tyrannies, qu'en tout autre temps il eût payé de sa tête; mais le Grand-Papa pouvoit-il refuser sa protection auprès du Parlement, à ce Duc concussionnaire, d'après les ordres absolus de sa favorite, qui voulait se le conserver?

L'Abbé Terray volait la France; car de tous les temps ces places de Contrôleurs ont été des amorces à frippons, & depuis cet escroc en soutane, celui qui a rempli le plus dignement les fonctions est celui qui, par une retraite honorable, n'a pas laissé à cet appât séduisant le temps de faire son effet (1).

Dubarry le Roué, maquerelloit a droite & à gauche, & vendoit lâchement ses services à la Cour à ceux qui avoient la bassesse d'intercéder son appui.

Maupeou le scélérat, dominoit généralement ; rien ne lui résistoit, & trop sûr de la clique méprisable des vils gredins dont il forma un Parlement à la hâte, il étoit parvenu à ne plus trouver d'obstacles à ses abominables entreprises.

Condé, Conty, Bourbon, & en général la sequelle régnante des Pairs du Royaume, de temps à autre paraissoit se déclarer les protecteurs du Peuple ; mais une Lettre de cachet, émanée du sublime

---

(1) M. Turgot, dont la sage administration n'a point assez duré.

Boudoir de la Dubarry, qui les négocioit, & reçue à genoux par le bas & odieux Phélipeaux, Comte de Saint-Florentin, faisoit rentrer le Prince soi-disant patriote dans son devoir, qui venait après un court exil baiser humblement la main de cette idole abjecte des courtisans.

La Marquise de Langeac, dont je parlerai plus amplement par la suite, papillonnoit effrontément dans cette nouvelle Babylone, & la prude de Lamballe, dégoûtée des suites d'un funeste hymen, commençoit en ce temps à arborer l'étendard de la dévotion.

C'est au milieu de cette pétaudiere que j'arrivai, enchantée d'être délivrée du joug ou m'asservissoit une mere ennuyeuse, & le cœur pénétré des avis secrets que j'avois reçus de mon cher frere Joseph, au moment de mon départ.

Un air vif & décidé, des yeux passable.

ment libertins, une indécente gaieté enchanterent à ma vue le Grand-Papa. La Duchesse *du moment* en conçut de l'ombrage; pendant quelque temps, je fus un vrai trouble ménage, le Roi se laissait bêtement mener par le nez, & malgré l'extrême distance qui me séparait de sa maîtresse, j'aurois tôt ou tard terminé par être la victime de mes tracasseries, & des plaisanteries sans nombre dont j'assaillois cette misérable prostituée.

Je changeai donc de plan, & celui que j'adoptai de nouveau me réussit à merveilles. Je flattai servilement les goûts d'une femme que je détestois. Je devins la compagne chérie de ses excès, en attendant le terme heureux où je dominerois à mon tour, & pourrois l'écraser sans pitié. Ce qui ne pouvoit tarder d'arriver, vû la débauche ou se plongeoit le Grand-Papa, & le funeste poison qui commençait germer dans son sein.

Il

Il vint enfin cet instant desiré. Louis XV mourut au milieu des imprécations de son Peuple, qui avoit gemi sous l'oppression pendant les dernieres années de son regne. L'Inquisition ministérielle ne put arrêter le cours des sarcasmes (1) qui se débitoient sur la mort de ce Roi, & l'espoir jamais déçu des vertus de mon époux ; sa candeur, ses bontés, ses réso-

---

(1) Dans la quantité des différentes épithaphes & épigrammes qui furent faites sur la mort de Louis XV, on distingue celles-ci ;

« Ci-gît Louis, ce pauvre Roi.
» On dit qu'il fut bon, mais à quoi ?

EPIGRAMME.

« L'embaumer seroit nécessaire ,
» D'une charogne il a l'odeur ;
» Mais l'ouvrir, bon, eh! pourquoi faire,
» Sûr de n'y pas trouver de cœur » ?

lutions généreuſes ne purent empêcher le Français de ſe livrer à la joie que lui donnait la perte de ſon Roi, & d'outrager ſa mémoire.

Pendant cet intervalle, j'avois pratiqué la petite Langeac, & certain penchant que je reconnus en elle, penchant auquel je m'étois livrée avec ardeur à la Cour d'Allemagne, me la fit rechercher ; langage des yeux, ſoupirs étouffés, palpitation de cœur, tout nous mit bientôt au fait des ſentimens que nous éprouvions l'une pour l'autre ; nous nous expliquâmes, & nous conclûmes.

Inſéparables alors, nos plaiſirs devinrent les mêmes ; ſa réputation devoit naturellement s'oppoſer à cette intime fréquentation ; elle bleſſoit la Majeſté Royale ; auſſi mon époux, ſévere ſur l'article des mœurs, débuta t-il, pour la faire ceſſer, par de tendres reproches, qui, rejettés avec hauteur, m'attirerent de sa part une défense formelle : ce ne fut donc plus qu'à l'ombre du plus grand mystere que je continuai à me livrer avec transport aux carresses animées de l'objet de mon amour.

Ayant intention de parcourir les différentes époques de ma vie où j'ai donné des preuves signalées de la plus complette dépravation, sans répéter ce que l'Historien qui m'a prévenue en a publié, je passe à l'année mil sept cent soixante-quinze, où la Cour fit le voyage de Rheims pour le sacre de mon illustre époux, & où de nouveaux plaisirs m'appelloient.

Les embarras d'une Monarchie épuisée captivoient tous les instans de Louis XVI. Je ne m'occupai pas de ces Nobles & utiles travaux. Je n'y intriguai adroitement que pour me débarrasser des ennemis que mes hauteurs m'avoient suggérés. J'y parvins, en profitant de l'amour que le Roi me témoignoit, amour pur, sincere, dont j'ai si souvent & si cruellement abusé.

Nous partons pour assister à la plus auguste des cérémonies. La surveille de ce départ, mon époux, les larmes aux yeux, m'engagea à ne plus donner lieu aux reproches que mon inconduite & ma légereté lui avoient plusieurs fois arrachés: Je lui fis cette promesse en l'embrassant. Baiser perfide, mensonge attroce, ma bouche le prononçoit; la vérité, la tendresse sembloient me le dicter, & mon cœur, peu d'accord avec mes levres, en démentoit l'assurance.

Les coffres dégarnis par les immenses & folles prodigalités de Louis XV, par les vols de ses Ministres, les manœuvres criminelles de l'agiotage devoient proscrire toute la pompe superflue de cette fête solemnelle; cependant je renchéris sur celle indispensable, malgré les remontrances économiques d'un mari tendre & sensible, plus occupé de la félicité publique que d'afficher un luxe inutile; je joignis aux magnifiques équipages qui m'étoient destinés les parures les plus rares & les plus recherchées; je rançonnai les gens d'affaires, & je contractai dès-lors un infamant traité avec l'usure.

J'avilis ainsi la Majesté Royale, j'en profanai toute la dignité, & je commençai à me déshonorer aux yeux de la Nation, en traitant avec ses tyrans, qui, par cette affreuse complaisance, acheterent de moi le droit infernal de spéculer la ruine générale.

Lorsque j'eus trouvé ce moyen secret de mettre en défaut ce que je nommois l'avarice de mon époux, & qui n'étoit au fait qu'une sage prévoyance & bien nécessaire pour réparer les desordres de la finance, je cessai de m'alarmer sur les privations dont je pressentois l'approche, & ma Cour, totalement séparée de celle du Roi, dont la solitude & la raison m'effrayoient, devint le Panthéon des plaisirs de toute espece. J'en bannis la vieillesse fâcheuse, & n'y admis que les Céladons de Cour, les femmes galantes & diffamées ; j'en proscrivis sans rappel les ridicules préjugés de la sagesse, & me regardai moins comme l'Auguste Reine d'un Peuple aimable, que comme Venus au milieu de ses adorateurs. Mon mari, se délassant des travaux royaux, en s'occupant de la serrurerie, m'avoit fait prendre plusieurs fois l'indécente liberté de le traiter de *Vulcain*. Je continuai, & voulant en tout ressembler à l'impudique Déesse dont ce Dieu de la Fable étoit l'époux, je songeai à me choisir un *Adonis*, & le jeune & charmant Duc de Coigny fut le mortel heureux que j'associai au Monarque François.

Tel étoit l'état de mon cœur & ma délicatesse lors du voyage de Reims. Jusqu'à ce temps une sorte de mystere avoit dirigé mes démarches & mes adulteres amours, j'en craignois la publicité. A Versailles, me dérobant aux regards avides & curieux des oisifs de Cour, c'étoit dans les plus secrets asyles que se passoient ces actes révoltans, & que je consommois l'opprobre de l'hymen. Je regardai bientôt cette contrainte comme absolument au-dessous de moi; je rougis de m'y être asservie si long-temps, & j'arborai à Reims l'étendard de la licence la plus effrénée.

La promenade enchanteresse de la Porte-Neuve de cette Ville, me fournit le moyen de satisfaire mes luxurieux desirs. L'Isle d'Amour, qui la borne auprès de la riviere, me parut en effet le séjour préféré de ce Dieu charmant, & je résolus de lui offrir quelques sacrifices.

Ce coupable projet, exécuté presque aussi-tôt que conçu, eut lieu le 9 Juin 1775, à la suite d'un brillant souper que je donnai dans cette même promenade, & auquel le Roi, fatigué des exercices cérémonieux de cette journée, ne voulut point assister. Les ennuyeux étoient relégués auprès de Sa Majesté : tout favorisoit mes vues & les outrages que je voulois accumuler sur sa tête.

Je me débarrassai facilement des importuns, en bannissant l'étiquette pour cette soirée que je voulois rendre délicieuse. J'avois bu passablement, c'est-à-dire, en franche & loyale Allemande. Echauffée par les liqueurs, je courus échevelée dans les bosquets, ne ressemblant pas mal à une Bacchante;

chacun ſuivit mon exemple ; &, à un ſignal de ma part, les confidens intimes de mes deſſeins ſecrets éteignirent toutes leurs lumieres. Les aſſiſtans furent cernés, renvoyés ; la liberté préſida à cette Bacchanale, & nous imitâmes les Prêtreſſes de Bacchus & de Priape dans leurs honteuſes réunions.

O nuit ! à quelles horreurs tu prêtas ton miniſtere ! Il faut être moi pour les tracer ſans rougir. Mais eſt-ce la premiere fois que j'ai dompté les ſcrupules ? non ſans doute. J'ai promis de ne rien laiſſer ignorer ; peu m'importe le jugement qu'on portera de ma franchiſe : j'ai perdu tous droits à l'eſtime publique.

Après avoir erré au haſard l'eſpace de quelques minutes, je me ſentis embraſſer étroitement ; je gliſſai légérement ſur le gazon, & me livrai à ma bonne fortune. Je n'eus pas lieu de me repentir de ma réſignation ; ſi mon athlete étoit un Prince, en cette occasion il se comporta en Hercule, & me fit presque abjurer la pratique des plaisirs que j'éprouvois avec la Langeac, & dont elle avoit tant de fois prolongé l'ivresse.

Le fait est que j'ignore encore à qui je dois l'emploi des deux heures que je passai dans l'Isle d'Amour ; mais au milieu des troubles & des regrets qui m'environnent, j'y pense avec ravissement, & ce ressouvenir agréable me plonge dans une extase qui tient du délire.

Le lendemain j'eus à essuyer la plus longue & la plus ennuyeuse mercuriale ; ma vertu ne fut point suspectée, mais le Roi traita ma conduite de légere & inconséquente, & termina ce sermon si désagréable à entendre pour moi, par l'expresse interdiction de l'endroit où j'avois joui de délices inexprimables.

L'ennui me gagna, d'après cette défense : en vain les cérémonies pompeuses

& futiles du ſacre occuperent mes inſtans ; mon corps étoit à la Cathédrale de Reims, mais mon cœur & mon eſprit étoient aux charmans boſquets de ſa promenade.

Quoique le Roi m'intéreſsât peu, je n'en fus pas moins révoltée de l'orgueil Eccléſiaſtique dans cette ridicule journée ; les génuflexions réitérées que ces Dépoſitaires ſacrés de la Sainte Ampoule firent faire à mon époux, me parurent baſſes, humiliantes, & dégrader la Majeſté Suprême. Leurs paſquinades & leurs ſingeries me firent rire aux larmes. J'interceptai un regard d'indignation du gros Prieur de Saint Remi ; mais je n'en reſtai pas moins convaincue que les Rois de France s'aviliſſoient en ſe ſoumettant auſſi ridiculement, & que l'abolition de cette farce devroit être un des premiers actes de la puissance législative.

La Cour revint à Paris, la saison étoit belle. Mon tempérament pressentit les avantages qu'il pouvoit en retirer ; mon cher beau-frere, le Comte d'Artois, me faisoit une cour assidue, sans cependant se déclarer sur la nature des sentimens que je lui avois inspirés.

En ce temps la grosse Montensier, Directrice des Spectacles de Versailles, obérée par des dettes immenses, formoit le plan d'une banqueroute frauduleuse. J'aimois cette femme qui se prêtoit volontiers à mes caprices ; je la débarrassai de ce labyrinthe & payai ses dettes.

Je pris goût à ce Spectacle ; les Pantins qui le forment se donnerent la peine de charger leur mémoire des Comédies obscenes de Collé & de

Ferrand ; j'y allaì nocturnement avec mon beau-frere, lorſque le Roi, impatienté de mes fréquentes diſparutions, me joua un tour ſanglant qui me rendit pour quelque-temps la fable & la riſée de toute la Cour.

Je revenois, ſuivant ma coutume, d'une de ces repréſentations libertines, dans le déshabillé le plus immodeſte; mon galant beau-frere avoit été le conducteur de ma légere voiture; lorſqu'arrivés à la grille la Sentinelle m'en refuſa l'entrée. Je me nommai d'abord avec fierté ; un, *le Roi l'a expreſſément défendu, & à donné lui-même la conſigne*, fut la ſeule réponſe que j'obtins de ce factionnaire; j'eus beau inſiſter, deſcendre même juſqu'à la priere, ni les menaces, ni les prieres ne purent l'ébranler. Le beau-frere juroit avec toute l'énergie qu'on lui connoît; imprécations inutiles. Je fus obligée de regagner triſtement, avec mon compagnon de disgrace, le théatre de la Montensier, d'où, par la galerie attenante au Château, je pénétrai dans mon appartement, où pour comble d'infortune, je ne pus me coucher qu'à l'aide d'une lumiere obtenue par grace dans la salle des Gardes.

Mille projets de vengeance me roulerent dans la tête, & je m'arrêtai à celui de continuer mes dissolutions. Je pris plaisir à cette idée qui satisfaisoit à la fois mes sens & mon amour-propre humilié, je m'endormis en remettant l'exécution à toutes les occasions que j'en pourrois trouver.

CHAPITRE III.

Naiſſanee de nouvelles amours. Courſes clandeſtines. Pari ſingulier.

La diſſimulation profonde & réfléchie qui a toujours fait la baſe de mon caractere devoit naturellement m'engager à m'en tenir à mon projet de vengeance, & à ne pas m'emporter en reproches ſur l'aventure de la nuit. Pluſieurs conſidérations devoient me le conſeiller, mais l'eſpece d'aſcendant qu'en différentes occaſions j'avois pris ſur l'eſprit du Roi, me fit aller au-devant des juſtes plaintes qu'il étoit en droit de me faire; &, ſuivant ma coutume, bravant l'étiquette, je me préſentai à ſon lever.

Les yeux battus, plus des fatigues de la nuit que de ma douleur, je me plaignis vivement de l'irréguliere consigne donnée aux grilles du Château, & je demandai à mon époux, assez indécemment, si je devois être ou prisonniere dans mon propre Palais, ou me trouver exposée au désagrément de n'y pouvoir rentrer à ma volonté. Le Roi sourit dédaigneusement à ce propos peu respectueux, & me répliqua sur le ton d'un Bourgeois absolu, qu'il étoit le maître, & que, lui couché, il prétendoit absolument que tout le monde le fût chez lui. Je voulus répondre; mais il me tourna le dos, & ce fut tout le fruit que je recueillis de ma ridicule incartade.

L'orage se détourna, mais ne pouvant plus courir la nuit, je me déterminai à jetter les yeux sur mon beau-frere, le cher d'Artois, qui, compagnon de ma disgrace, ne demandoit

mandoit pas mieux que d'être le coopérateur de ma vengeance.

Je dois cependant avouer, qu'au fait, c'étoit moins par inclination que par haine & coquetterie que je fis des avances au jeune Comte. Je haïssois mortellement sa *pigrieche* épouse, pouvois-je lui en donner un témoignage plus convaincant, qu'en débauchant son mari, qui ne l'accabloit jamais de procédés plus révoltants qu'alors que quelques intrigues lui faisoient faire faux-bond à la fidélité conjugale?

Je confesse de même, au sujet de cette haine, que je la partageois cordialement entre elle & *Madame*; que j'éprouvois un plaisir singulier à les humilier l'une & l'autre, que je détestois *Monsieur*; mais que nonobstant mon antipathie pour lui, si je l'avois connu un *homme à femme*, j'aurois tout tenté pour le séduire, en triompher, & satisfaire ainsi mes ressentiments secrets.

Au défaut de ce moyen, les tracasseries m'en fournirent d'autres ; mais malgré les occupations qu'elles me donnoient, je ne perdis point de vue le desir d'être à la fois la belle-sœur & l'amante du Comte d'Artois.

Quelques agaceries le mirent bientôt au fait de mes intentions, & ce langage étoit peu difficile à entendre pour un libertin aussi expert.

Les différens voyages que j'avois faits à Cythere avec différentes personnes de la Cour, m'auroient à-peu-près dégoûtée d'y retourner sans cette nouvelle connoissance. Le respect affoiblissoit les transports des amans que j'avois eu jusqu'alors. Avec eux, j'avois beau dépouiller toutes les apparences de la Majesté, choisir les endroits les plus écartés, m'exposer à leurs yeux dans l'état de ſimple nature, provoquer leurs embraſſemens par les attouchemens les plus expreſſifs, les poſtures les plus laſcives, les regards les plus paſſionnés; enfin tout le délire & l'ivreſſe que me faiſoit éprouver la fougue de mes ſens, l'idée de ſe trouver dans les bras de leur Reine les glaçoit apparemment : je n'en tirois rien, ou peu de choſe. Ce n'étoit qu'après avoir épuiſé toutes les reſſources de l'art lubrique des plus fameuſes courtiſanes que j'en obtenois à peine un foible hommage. Je n'avois cependant jamais choiſi qu'en parfaite connoiſſeuſe, & les noms de *Coigny*, *Dilon* & *Vaudreuil* devroient être autant de garants qu'une molleſſe auſſi extraordinaire étoit peu ſoupçonnable dans des êtres d'auſſi vigoureuſe apparence.

D'Artois, moins inquiet ſur les dangers de la liaiſon, s'y livra tout entier.

Depuis long-temps je n'avois point pratiqué ces différentes *positions* qui conduisent par dégrés à la volupté, j'en avois perdu l'habitude, & malgré mes connoissances étendues sur ce chapitre, dans ces séances, je fus obligée de recommencer un noviciat, & les découvertes nouvelles que je fis, me forcerent de convenir de mon peu d'expérience.

A la Cour de Vienne, un Officier Allemand m'avoit donné les premieres instructions de ces gradations charmantes; mais que j'étois éloignée de la perfection; je la trouvai dans les bras de mon nouvel adorateur, & la multiplicité des plaisirs délicieux qu'il me fit éprouver m'attacherent à lui jusqu'à la fureur.

Je glisserai rapidement sur la naissance de mes enfans. La France en a fêté l'avénement; le vulgaire en félicitoit mon époux; mais les clairvoyans sçavoient à quoi s'en tenir. Le Monarque recevoit complaisamment les vœux qui lui étoient adressés à ce sujet, tandis que de temps à autre les railleurs s'exerçoient sur cette matiere plus que suffisante pour produire les sarcasmes les plus piquans. Plusieurs me parvinrent, & en attendant qu'il s'en fasse une collection, je cite celui-ci.

COUPLET.

air : *de Joconde.*

AMIS, la nouvelle du jour
Se débite à cette heure ;
Un Dauphin paroît à la Cour,
Si je ments que je meure.
Si Louis paroît vigoureux,
Ce n'est pas de la sorte ;
D'Artois a fait ce coup heureux,
Ou le Diable m'emporte.

A cet échantillon des gentilleſſes des beaux-eſprits Français, il eſt facile de juger que j'étois peu ménagée dans le public; mais c'étoit la plus légere de mes inquiétudes, & j'ai toujours été de la plus grande indifférence ſur tout ce qui s'eſt débité à mon égard : je n'ai qu'un regret, c'eſt celui de n'avoir pas fourni une matiere plus abondante à la quantité d'épigrammes que la multitude fit en ce temps pleuvoir ſur moi.

Pour tenir perpétuellement d'Artois enchaîné à mon char, je profitai de ſes précieuſes leçons au point de le ſurpaſſer; ſon inconſtance naturelle l'emporta cependant ſur mes complaiſances infinies; il ne m'abandonna pas, il me négligea; & pour ne le pas perdre entiérement, je fus obligée de condeſcendre à le laiſſer jouir d'autres plaiſirs, & de paroître même y prendre part.

Les jeunes Seigneurs de la Cour, à la tête desquels étoient mon cher Comte & le Duc de Chartres, actuellement Duc d'Orléans, avoient rapporté des voyages qu'ils avoient faits une ample profusion de vices & de ridicules ; les coutumes, les mœurs, les modes & les plaisirs d'Angleterre les avoient séduits de telle maniere qu'en peu de temps tout fut Anglois en ce Royaume ; le Roi & le stupide *Monsieur* resterent seuls Français.

Chaque jour de nouvelles courses de chevaux faisoient déserter les Ouvriers de leurs attelhers ; de la vigueur & de l'intrépidité des hardis *jokeits* dépendoit l'altération des fortunes, & ces parties ruineuses donnerent plus de gloire à deux Princes du sang Royal que leurs fameux exploits tant à Gibraltar qu'à l'affaire d'Ou......

Vêtue en Amazone, j'étois l'ame de ces divertiſſemens, qui favoriſerent les miens ; la courſe finie, la foule des courtiſans s'éclipſoit. Je partois comme l'éclair & je me rendois à Trianon, où, bientôt rejointe, je me livrois, avec mon tendre beau-frere, à toutes les fantaiſies libertines que notre imagination de feu nous ſuggéroit.

En quelqu'endroit qu'il ſoit, qu'il ne s'imagine cependant pas que dans ce temps il occupoit ſeul ma penſée. Avec lui je jouiſſois de toute la ſolidité du plaiſir ; mais j'en ſavourois l'eſſence avec des compagnes que je lui aſſociois. La Demoiſelle Dorvat, une de mes femmes, après avoir gagné ma confiance, étoit parvenue à fixer mes regards. Son intéreſſante phyſionomie excita mes deſirs ; bientôt je ne pus réſiſter à leur impulſion, je deſcendis juſqu'à elle, & ſoit crainte ou complaiſance, je fus ſatisfaite.

C'eſt de cette façon que, nuançant le plaiſir auquel mon tempérament m'invitoit à chaque inſtant, je ne riſquois pas de l'émouſſer, & je faiſois conſtamment uſage du privilege que la nature m'avoit accordé d'être également ſenſible aux careſſes des deux ſexes.

A la ſeule vue d'un bel homme, d'une belle femme, mes yeux s'enflammoient, ma figure s'animoit, l'expreſſion de la jouiſſance s'y peignoit. A peine pouvois-je diſſimuler la violence de mes deſirs, & jamais aucuns de ces objets convoités par ma paillardiſe n'échapperent aux ſoins & aux intrigues que je ſavois nouer pour les attirer dans le filet qui leur étoit tendu par ma luxure.

Pour me dérober aux regards intéreſſés

à épier mes aventures amoureuſes, j'avois de fréquentes indiſpoſitions de commande : alors je feignois un beſoin de ſolitude, à la faveur duquel, ſans ſuite, je m'échappois du tourbillon pour voler dans les différens temples de l'amour, que j'avois en ma puiſſance, méditer ſur les myſteres de ce Dieu, ſeul culte que j'aie jamais connu, & continuer mes affreux déréglemens.

Mon cher d'Artois n'étoit point jaloux, oh! non, il ne l'étoit certainement pas; mais un jour de mauvaiſe humeur il prit la liberté de me quereller ſur ces courſes clandeſtines dont il ignoroit le myſtere. Notre union, & quelques autres bagatelles de ce genre, m'avoient appris à ne pas rougir. Je ne balançai donc pas à lui faire l'aveu de mon goût pour la Dorvat, & l'exhortai à ne pas s'en alarmer. Les gens peu délicats s'accordent aſſez volontiers; ma franchiſe ne lui déplut pas; il parut ſeulement douter de ce mêlange ſingulier, & me demanda plaiſamment comment j'y pouvois ſuffire ?

« Je vais bien t'étonner, mon cher » Comte, lui répondis-je, mais mon » tempérament eſt tel que, ſortant de tes » bras, dont je ne me retire que lorſ- » qu'épuiſé, tu ne peux plus te livrer à » de nouveaux tranſports & que mon état » devroit naturellement être ſemblable au » tien, je revole auſſi-tôt dans les ſiens : » *d'inſtrumentée* que j'étois, *j'inſtrumente* » à mon tour, enſuite je fais agir la com- » plaiſante *Dorvat*, qui, réitérant le plus » agréable des exercices, multiplie à l'in- » fini cette charmante ſituation. Ceſſe » donc d'être ſurpris ſi je te donne cette » aimable *acolyte*, ne m'en veux pas, je » ne puis m'en paſſer. Il faut voir cet » excès de jouiſſance pour pouvoir y » croire : oui, ma chere ſœur, vous m'é- » tonnez, mais vous ne me perſuadez

» pas : je vais plus loin. Je parie mille » louis que le fait n'eſt pas poſſible..... » Mille louis ! eh bien ! mille louis ſoit. « Commençons.... »

Enfermés tous les deux dans un voluptueux boudoir, le Comte me coucha ſur un ſopha, mille louis & l'honneur de me vaincre lui firent trouver de nouvelles forces ; il me donna le plus vigoureux aſſaut & n'en perdit pas moins la moitié de la gageure.

« Je me rends, me dit-il ; mais vous » n'avez pas gagné... Oh ! d'accord ; je » vais vous convaincre, Monſieur l'in- » crédule. »

Je ſonnai : *Dorvat* étoit aux aguets, elle accourut ; je l'embraſſai, on obſervera que le Comte étoit préſent : mon effronterie la fit rougir. Je ne fis aucune attention à ſon embarras, je continuai ; elle tarda peu à ſe livrer à mes brûlantes carreſſes, furieuſe à ſon tour, & partageant mon délire, nous fîmes connoître à mon amant qu'il étoit dangereux de me défier, & il reconnut bientôt que ſes mille louis m'appartenoient de bonne guerre.

Je crus m'appercevoir par la ſuite qu'il m'avoit rendu le change & que les différents mouvements de la Dorvat, ſes attitudes variées, ſes tranſports convulſifs lui avoient donné du goût pour elle; il en a ſans doute eſſayé, que cela ſoit ou non, je lui pardonne cette infidélité. L'amniſtie doit être réciproque.

CHAPITRE IV.

Basses intrigues. Mélange affreux d'iniquités. Ministre infidele. Un Cardinal paroît sur la scene.

JE n'ai, jusqu'à présent, offert que le tableau d'une méprisable prostituée, souillant la couche royale par les plus sales débauches. Le libertinage affreux dans lequel j'étois plongée faisoit gémir la France, qui ne pouvoit plus douter de mon infame conduite; le mépris étoit le seul sentiment que j'inspirois, on dédaignoit même de s'occuper de moi. Fatigués de me chansonner ou de m'adresser des remontrances, les oisifs & les sages ne me regardoient plus que comme une femme perdue, livrée à la corruption, flétrie, & portant sur le front le signe honteux de la réprobation.

Pour réveiller le Peuple de cette indolence, il falloit me montrer dans tout mon jour; c'est, ce que je fis. Il ne suffisoit pas à mon caractere féroce d'être dédaignée du François, je voulus m'en faire craindre & faire succéder au mépris qu'il me vouoit l'horreur & la haine.

Les conseils ambitieux que mon frere m'avoit donnés, à mon départ de la Cour de Vienne, étoient toujours récens à ma mémoire. Le défaut seul d'occasion m'avoit jusqu'alors empêché de les mettre en pratique; mais pour en espérer la réussite, il me falloit de l'intelligence au ministere, & il étoit malheureusement déclaré contre moi.

Je sçavois bien de quelle maniere on pouvoit se débarrasser d'un Ministre récalcitrant. Le vieux *Maurepas*, par sa mort, m'avoit garanti l'infaillibilité du moyen ; mais les ſoupçons avoient germé, les yeux étoient ouverts, & la répétition d'une ſemblable *vétille* pouvoit me devenir dangereuſe ou très-funeſte.

Le caractere de mon frere, en tout conforme au mien, lui ſuſcitoit journellement de nouveaux embarras ; il ne pouvoit s'en délivrer qu'à force d'or ; mais ſes tréſors étoient épuiſés, & ſon Peuple commençoit à murmurer de l'oppreſſion, & paroiſſoit diſpoſé à ſe ſouſtraire au joug odieux de la tyrannie.

Je l'aimois trop tendrement pour ne pas travailler avec ardeur à le ſecourir ; le ſieur *Joly de Fleury*, malgré quelques refus, avoit terminé par ſeconder mes intentions fraternelles, & pendant ſon adminiſtration, j'ai fait paſſer à l'Empereur des ſommes conſidérables.

La

La disgrace de ce Ministre m'accabla ; & j'intriguai pour le faire remplacer par une créature qui me fût aussi affidée. Mon espoir fut trompé, le d'*Ormesson* fut intraitable, & je fus privée quelques temps de pouvoir rendre service à la personne que j'aimois le plus. Que n'ai-je pu, dans ces momens de crise, lui faire passer les Trésors de la France ! Tel étoit le bonheur qui fixoit alors mes vœux les plus chers ; pouvois-je espérer de les voir remplis tant que les sentimens des Ministres me seroient diamétralement opposés ?

La premiere partie de ma vie, se titre justement de *précis*. Je ne la regarde, malgré sa véracité, que comme un résumé de faits généralement connus ; malgré cela, je ne reviendrai pas sur le chapitre de M. *Necker*, ni des manœuvrss étranges que je mis en usage pour opérer sa premiere disgrace ; à cette époque, il étoit éloigné de posséder toute la confiance ; mais si, dans ce temps, j'avois prévu les révolutions qui se sont manifestées depuis, si une sotte timidité n'avoit retenu ma main, les projets conçus se seroient executés, & ce Ministre auroit été, par la même voie, rejoindre *Maurepas*, en détestant son integre probité.

Calonne parut alors sur l'horison ; je respirai. Il y avoit long-temps que je souhaitois au Contrôle une de ses sangsues publiques dont l'ame de boue, insensible aux cris de la douleur, se fasse un jeu de la misere ; ce souhait fut exaucé.

Les spéculations les plus fausses, les projets les plus insidieux, les conseils les plus criminels donnés au Roi, le plus exécrable brigandage, voilà les moyens que ce Ministre, à qui j'ai j'ai tant d'obligations, employa pour me faire baſſement ſa cour. Je l'acueillis avec bonté, j'applaudis ſon adminiſtration, je le flattai : en un mot, j'employai les indignes reſſorts de la plus vile ſéduction pour me l'attacher, & j'y parvins. Je ne doutai jamais du ſuccès de cette entrepriſe; j'ai toujours attaqué, avec avantage, les créatures mépriſables que j'ai voulu ſoumettre ; la diſſimulation, la fourberie, le manege de la coquetterie, même avec les êtres les plus mépriſables, furent mes armes. Je les préférai toujours au bouclier de la ſageſſe & au palladium de la vertu.

Je n'ai plus qu'un léger eſpace de temps à parcourir depuis cet inſtant à celui où j'écris ces Mémoires ; mais tous les moments en ont été employés par le libertinage, l'ambition, le vol & le ſacrilege. Chaque jour a éclairé de nouvelles horreurs, & les inſtans de la nuit que je ne consacrai ni à la débauche ni au sommeil, je descendois dans mon ame, & n'y trouvant que le crime, le lendemain prêtoit sa clarté à quelque nouveau forfait.

Cette ame vile & abjecte va donc vous être dévoilée, vous allez maintenant y lire aussi clairement que moi. Quelle horrible connoissance ! vous avez proscrit ma tête lors même que ces affreux secrets ne vous étoient point encore parvenus, que ferez-vous donc après ?

Pendant le temps qu'avoit duré l'ambassade du *Cardinal*, *Prince de Rohan*, à la Cour de Vienne, je captivai son attention, & lui inspirai de l'amour. Toute hardie que me parut la déclaration qu'il osa m'en faire, je lui permis d'espérer, non par une de ces réponses qui ne laissent aucuns doutes après elles, mais par un sourire obligeant, mais par ces paroles vagues &

obligeantes que les *galants* sçavent si bien entendre.

J'ai de tout temps aimé les amours à la grenadiere, les préliminaires, moins ennuyeux, menent pour ainsi dire du moment de l'aveu à celui de la conclusion. Le ton mielleux & sentimental du Cardinal m'occupa bien un peu ; mais le geste joint à la parole d'un Officier Allemand, encore au service de la maison d'Autriche, me persuada davantage. Je le nommerois sans doute, j'entrerois même dans des détails sur sa mâle vigueur, si je ne craignois d'exposer des jours qui me seront toujours chers.

Désespéré de la préférence accordée, le Cardinal prit de l'humeur, & vindicatif comme tout autre Prêtre, il résolut dès-lors de se venger de ce qu'il appelloit une offense faite à ses rares qualités ; il exécuta depuis ce projet ; aussi, malgré que je me sois infiniment rapprochée de lui, ce que je me propose de détailler suivant l'ordre des événements, je ne l'en ai pas moins toujours regardé comme mon plus cruel ennemi, & si sa tête n'a pas tombé sur un échafaud, je l'engage à ne point m'en avoir d'obligation ; le sort l'a préservé d'être la victime d'un plan formé avec toutes les précautions imaginables.

Je ne cesserai de répéter que j'étois douée d'une extrême dissimulation, parce que toutes les actions de ma vie en ont porté l'empreinte ; aussi en donnai-je des preuves sensibles à ce peu politique Prélat. Je feignis d'ignorer les propos licencieux qu'il débitoit sur mon compte à la Cour de Vienne, je lui tendis gracieusement la main à Saverne, je le reçus avec bonté à Versailles lorsqu'il se rendit encore plus coupable à mon égard.

Cette étiquette qui m'avoit paru si révoltante en Allemagne ; me parut moins terrible à la Cour de France : on sçait assez combien je profitai de l'espece de liberté qui s'y accorde aux femmes de mon espece. J'ai déjà dit que je dédaignai d'abord les soins de mon beau frere le Comte d'Artois, cependant, ses assiduités auprès de moi firent du bruit, il parvint bientôt aux oreilles de l'Impératrice, qui ne trouvant personne plus capable de l'instruire de la vérité du fait que le *Cardinal, Prince de Rohan*, lui écrivit pour s'en informer. Cet Evêque, à qui je voudrois en ce moment faire autant de mal que je lui en desire étoit toujours amoureux. La *connoissance* du Comte d'Artois, qu'on me supposoit alors, & qui s'est réalisée depuis, l'intriguoit extrêmement. Effrayé de la concurrence qu'il ne pouvoit se flatter de dissiper, malgré son amour-propre, la rage s'empara de son cœur ; il fit réponse à ma mere, & c'eſt cette lettre, trouvée dans ſes papiers, qui me fût renvoyée par mon frere & que je poſſede encore, que je vais mettre ſous les yeux.

A l'Impératrice Reine de toutes les Hongries. (1)

MADAME,

Mon reſpect & mon zèle pour l'illuſtre maiſon d'Autriche, la vénération que vos vertus m'ont inſpiré, la franchiſe que vous avez reconnue en moi, lorſque le Roi me chargea de ſes ſentiments auprès de vous, &

(1) Cette Lettre fut dépêchée par un exprès à qui le Cardinal avoit ordonné de la rendre ſecrettement.

que vous sommez d'être toujours le même, tout me force à remplir un ministere douloureux à mon cœur. Que n'avez-vous chargé quelqu'autre de cette affligeante mission ?

Il n'est que trop vrai que notre Dauphine, en entrant sur le territoire de France, a totalement oublié les leçons de sagesse que vous vous étiez plu à faire germer dans son cœur ; indépendamment de son goût excessif pour le luxe, elle se livre à tous les excès de la coquetterie. Le bruit court qu'elle préfere son beau-frere à son époux. Dieu veuille que cela ne soit pas ; mais les apparences sont contre nos desirs à cet égard.

Voilà tout ce que je puis vous apprendre. Puisse V. M., par ses sages exhortations, la remettre dans le sentier du devoir. Puisse mon zele y coopérer, c'est la moindre preuve de dévouement que puisse donner à Votre Majesté,

Celui qui ne cessera d'être,

Madame,

de Votre Majesté

Le très-humble & très-respectueux serviteur,

† L. DE ROHAN, &c.....

On voit, par la lecture de cette lettre, que le Cardinal me ménageoit peu, & que s'il prétendoit par-là me prouver la force de sa passion, il étoit loin de compte; aussi dès le moment que je n'eus plus à douter de cette atrocité, je lui vouai une haine immortelle. C'est cette haine, qui m'a depuis engagée par un enchaînement de circonſtances à le mettre au rang des favoriſés ; il étoit bien éloigné de prévoir alors que c'étoit la ciguë que je lui faiſois boire dans une coupe d'or, & que je ne l'honorois de mes faveurs que pour l'écraſer avec plus d'avantage.

CHAPITRE V.

Amours nouveaux. Liaiſon indécente & politique du Cardinal de Rohan. Faveurs accordées à la Comteſſe de la Mothe. Clef de ſon étrange procès.

Oui, je dois en convenir, j'ai peine à me rendre compte à moi-même du ſentiment qui m'agite en prenant la plume pour tracer ce chapitre. Je n'altérerai point la vérité des faits ; auſſi entends-je d'ici s'écrier l'indignation, *quelle femme ! ou plutôt quel monstre ! quel rocher l'a pu porter dans ses flancs ? la malheureuse n'a donc jamais versé de larmes ?* Rarement, en vérité ; encore ce n'a jamais été que le dépit & la fureur qui me les aient arrachés.

Je commençois à me fatiguer des caresses de mon beau-frere, la variété pouvoit seule assaisonner mes plaisirs & la jouissance d'un objet nouveau flattoit depuis long-temps mon ambition : *le beau Fersenne*, Colonel de Royal Suédois, suivoit par-tout mes pas, & ses coups d'œil enchanteurs m'avoient décidée à ne les pas faire languir long-temps après ma possession ; il promenoit un jour sa douce & tendre rêverie dans l'orangerie, il y avoit quelques minutes que je l'observois lorsque ses yeux rencontrerent les miens ; un signal intelligent que je lui fis ne lui laissa plus douter de son bonheur : rentrée au château, je lui députai l'*Esclaux*, garçon de la chambre, qui lui remit une boîte de ma part, dans laquelle étoit renfermé ce billet.

FLORE A ZÉPHIR.

» Depuis long-temps, mon cher Zé-
» phir, je vous vois parcourir les parter-
» res de mon Empire & regarder avec
» attention toutes les fleurs qui ſont ſous
» ma domination. Votre douce haleine
» ſe ſeroit-elle repoſée ſur quelqu'une ?
» Votre Flore en mourroit de déſeſpoir.
» Songez que je ſuis leur *Reine*, & que
» j'exercerois la vengeance la plus rigou-
» reuſe ſur celle qui m'auroit ravi le tréſor
» ou j'aſpire. J'irai ce ſoir à neuf heures
» promener mon inquiétude *au petit*
» *Trianon.* Si Zéphir eſt ſenſible aux
» tendres empreſſements de Flore, il vien-
» dra calmer le chagrin dont elle eſt
» dévorée. Le Gouverneur l'introduira «.

Je n'attendis pas après la réponse de *Fersenne*, le même porteur me rapporta la boîte, dans laquelle je trouvai ce qu'on va lire.

ZÉPHIR A FLORE.

» Ce n'est qu'avec indifférence que » Zéphir voit toutes les fleurs de votre » Empire; lorsqu'il les regarde avec at- » tention, c'est que parmi elles il cher- » che à distinguer leur *Reine*; lorsqu'il » la voit, le respect lui ferme la bouche » & ses yeux sont les interprêtes muets » de son cœur; la reconnoissance & l'a- » mour conduiront ce soir, à neuf » heures, Zéphir *au petit Trianon*; trop » heureux si sa vue & ses empressements » peuvent bannir l'inquiétude de Flore » & la convaincre de la sincérité de son » ardeur «.

Ce billet & sa réponse suffisent pour

convaincre, comme je l'ai dit plus haut, que j'allais vîte en besogne, & qu'aussi-tôt *mouchoir jetté, faveurs reçues.*

Exact au rendez-vous, *Fersenne* me fut amené par *Bazin*, le confident intime de mes plaisirs secrets & Gouverneur de Trianon, qui l'attendait aux environs : il est inutile que je rapporte ici ce qui se passa entre nous. Le public est assez instruit de l'ardeur avec laquelle je célébrai les mysteres de l'amour, & en tirai toute la quintessence. Je me contenterai de dire qu'heureux & satisfaits l'un de l'autre pendant deux heures consécutives, nous éprouvâmes tous les effets de la passion la plus forte.

Depuis cet époque, les rendez-vous se succéderent, & ce galant commerce dura jusqu'à ce qu'excédée de sa continuité, je jouai l'indifférence, & pensai à donner à l'épuisé *Fersenne* quelqu'autre successeur.

Je me ſuis annoncée, & j'en ai donné des preuves très-convaincantes, que j'étois exceſſivement légere & inconſtante dans mes goûts. Il fallait beaucoup d'adreſſe, de ſcience & de *ſingularité* pour ſe conſerver mes velléïtés paſſageres, lorſque je ne rencontrois aucunes de ces qualités dans les individus que j'honorois de mes careſſes; le dégoût, la ſatiété s'emparoient de moi, & je paſſois vîte à un autre.

Dans la liſte nombreuſe que je pourrois produire des êtres maſculins & féminins admis à mes conférences ſecrettes, ſi je ſuivais l'ordre chronologique, je pourrais prouver qu'auſſi-tôt dégoutée *du commere des hommes*, je paſſais *à celui des femmes*, j'avois preſque éprouvé la grande quantité de celles de la Cour qui avoient adopté ce goût ſi délicat, j'étois ſi fatiguée, ennuyée de la *fréquentation* de la Molaſſe *Comteſſe Doſſun*,

Dossun , ma Dame d'Atours, & d'ailleurs je la craignois. Je la connoissois avec son air doucereux, méchante, jalouse, dangereuse & coquine à l'excès; elle m'avoit déjà fait souffrir de son indiscrétion. Sur laquelle donc pouvois-je jetter les yeux pour donner un successeur au Colonel disgracié ?

J'aurois bien renouvellé bail avec *la Duchesse de Polignac*; mais le goût en étoit passé : d'ailleurs où je croyois fermement trouver des beautés secrettes, lorsque je me décidai à la mettre sur les rangs, je n'avois fait que des découvertes hideuses ; & sans le parti qu'elle avoit sçû tirer de la circonstance qui me ramenoit malgré moi à m'en servir au dépourvu, je n'y eusse jamais repensé.

Une autre considération m'oblige à la ménager ; cette gueuse de femme avoit pris sur moi l'ascendant le plus impérieux ;

elle étoit maîtresse de mes secrets capitaux, & tenoit entre ses mains, indépendamment de quantité de billets & lettres écrites de la mienne, (1) mille assignations de rendez-vous imprudemment adressées, tant au Comte d'Artois qu'à d'autres personnes de la Cour, & plus encore imprudemment confiées à ses mains infidelles; plusieurs Mémoires apostillés de ma main, contenant en marge les preuves multipliées de mes exactions inouies, tripotages de finance, emprunts, pots-de vin, faveurs vendues à prix d'argent, &c. &c. &c....

J'étois dans cet état d'incertitude, & ne sçavois à quoi me déterminer lorsque *la Comtesse de Valois de la Mothe* me fut présentée par la *Misery*, ma premiere femme-de-chambre. Cette

(1) Correspondance que je me propose de rendre publique.

infortunée, que j'ai rendue victime de ma rage contre *le Cardinal de Rohan*, sollicitoit auprès de moi la reprise de possession de la terre de *Fontete*, dont avoient joui ses illustres ancêtres.

Je crois avoir déjà dit que la figure qui me convenoit dans tel état que je l'eusse trouvée me captivait sur le champ. Aussi la Comtesse de la Mothe fit-elle ma conquête, la premiere fois quelle se jetta à mes genoux. Bon, me dis-je en moi-même, je cesse d'être inquiette ; elle remplaçera *le Fersenne*.

Je feignis d'accéder à sa requête, mais le fait est que la destinant à mes plaisirs, je voulois qu'elle n'eût obligation qu'à moi de sa fortune ; ce qui m'engagea à ne point me servir du pouvoir que j'avois sur Calonne pour augmenter la foible pension qu'elle tenoit de la Cour,

& que ce paillard n'avoit fait porter ſur l'Etat qu'à la ſomme de ſept cent livres, jointe avec celle de huit cent, quelle recevoit déjà pour porter dignement le nom de Valois, eſpérant que cette médiocrité la conduiroit infailliblement de ſa ſalle d'Audience à ſon lit.

J'enlevai donc cette proie au luxurieux Contrôleur, qui puiſoit à pleines mains dans le tréſor royal, pour gagner des cœurs avec la clef d'or. Je n'ignorois pas ſes malverſations; mais comme, par ſon entremiſe, je faiſois le même emploi des deniers de la Nation, nous avions l'un pour l'autre la même diſcrétion.

Le paſſionné Cardinal qui, n'avoit pas renoncé à ſes projets de convoitiſe, étoit à l'affut de tous mes mouvemens, & interceptoit tous mes regards; il s'étoit apperçu de l'effet que les attraits de la Comteſſe de la Mothe avoient fait ſur moi ; il s'empara d'elle, l'endoctrina, & lui apprit à se prêter à mes vues.

Notre seconde entrevue se fit *au petit Trianon*, entre onze heures & minuit. La Comtesse de la Mothe fut introduite dans mon cabinet par cette même *Dorvat* dont j'ai parlé plus haut, qui se contentoit du titre *d'Agente* de ces scenes libidineuses, après y avoir joué elle-même un rôle principal.

Dieux ! quels délices j'éprouvai dans cette nuit charmante ! avec quelle complaisance la rusée Comtesse se prêta à mes fantaisies : quels transports ! quelle ivresse ! Je crus voir s'ouvrir l'Olympe, & que j'y pénétrois ; car mes ravissemens n'étoient pas d'une simple mortelle.

Je congédiai la Comtesse en l'assurant de ma faveur & en la gratifiant d'une somme de dix mille livres en billets de caisse. Calonne m'en fournissoit abondamment. Je payois la Comtesse en Reine, tandis que de son côté le Contrôleur payoit la Lebrun en Roi, & par le même moyen.

Le Cardinal, instruit des circonstances de cette entrevue, fit alors jouer tous ses ressorts ; il osa m'écrire : je résistai long-temps à me prêter à sa justification ; mais les avis secrets que je recevois de l'Empereur, qui desiroit depuis long-temps de le voir possesseur de la puissance ministérielle, & à la tête des affaires, m'engagerent à me prêter à la réconciliation qu'il sollicitoit.

Les Mémoires justificatifs de la Comtesse de la Mothe, imprimés à Londres, en Janvier 1789, & que je garantis vrais dans tous leurs points, mettront sincérement au fait les lecteurs de la farce que je fis jouer au Cardinal par la prostituée d'*Oliva* :

c'est ainsi que je m'assimilois aux catins & aux personnes du plus bas étage. Tout m'étoit bon.

Mon pardon n'étoit pas sincere, en élevant le Cardinal Prince jusqu'à moi; Ce n'étoit que pour le faire plus sûrement tomber dans l'abîme que je lui entr'ouvrois par dégrés : aussi ma correspondance (1) avec lui étoit une énigme dont il eût été difficile de trouver la clef.

Je me prêtai donc à toutes ses rêveries, il jouoit auprès de moi le *Pastor fido.* Mon seul dessein étoit d'en faire un homme à moi; de lui faire faire autant de sottises que je le pourrois; de détromper mon Frere, de l'engager à lui retirer sa confiance, & de le perdre ensuite, petit à petit, pour consommer ma vengeance.

---

(1) Voyez les Mémoires justificatifs de Madame de la Mothe, aux n^{os}. de la fin.

Le ſuccès de cette grande entrepriſe faiſoit le ſujet de mes réflexions; lorſque je me trouvois avec lui, très-ſouvent, j'étois rêveuſe, & gardois le ſilence à ſes inſinuantes proteſtations. L'adroit Evêque ſut profiter de mon inaction; & prenant ce ſilence pour un aveu tacite, il alla plus loin: le coquin fut heureux.

En voilà maintenant de toutes les eſpeces; Militaires, Prélats, Courtiſanes, &c., j'aurois même deſcendu juſqu'à la roture, tant ce beſoin chez moi étoit devenu impératif.

Les Polignacs étoient furieux; la faveur ſe perdoit tous les jours; je ne faiſois plus que des demi-confidences; ſouvent j'affectois le dépit & le dédain; je paroiſſois même avoir tout-à-fait renoncé à l'amour; je m'occupois alors de l'intérêt.

Cependant les indiſcrétions de l'*Eſ-*

clave (1), dont par fois les expreſſions tranchoient du *maître*, m'allarmoient ; *Lauſun*, *Luxembourg* & *d'Artois* s'entretenoient publiquement de notre liaiſon. Pluſieurs confidences de ſa part ſur quelques particularités de mes charmes ſecrets avoient convaincu, à n'en pas douter, ceux qui étoient auſſi inſtruits que lui de la vérité de notre *approximité*.

Arriva dans ce temps l'aventure du collier, de ce collier qui a fixé l'attention de toute l'Europe, & dont on ignore tout le myſtere : en en faiſant ſuccinctement le récit, je vais m'acquérir un nouveau droit à l'indignation ; mais le premier pas eſt franchi.

L'économie du Roi s'oppoſoit depuis long-temps à la demande que je lui avois

---

(1) Titre que prenoit le Cardinal de Rohan auprès de la Reine.

faite d'une garniture de bracelets semblable à celle que portoit la Reine d'Angleterre. J'avois plusieurs fois essuyé de sa part le refus formel de me donner cette parure. Calonne ne savoit plus de quel bois faire fleche ; toutes les ressources étoient épuisées, il n'y avoit plus que l'intrigue qui pût me procurer ce bijou que j'étois infiniment jalouse de posséder.

Je m'étois quelquefois plainte devant la Comtesse de la Mothe de l'avarice de mon époux, & du desir qui me tourmentoit ; elle en parla au Cardinal, qui, malgré la situation de ses affaires, & son peu de crédit, entreprit la négociation de cette affaire dont je profitai seule, ayant toujours eu la précaution de faire agir sourdement ces deux *complices* de mon larcin manifeste.

La suite de cette affaire me conduisit insensiblement à la vengeance que je méditois toujours intérieurement contre le Cardinal ; mais elle ne fut pas aussi complette que je le désirois. C'étoit sur un échafaud que je l'eusse voulu voir ; mon ambition eût été satisfaite.

Je l'eus enfin ce collier : *l'Esclaux*, mon Messager secret, me l'apporta ; & du moment que je l'eus en ma puissance, je jurai qu'il seroit l'instrument de ma fureur contre le Cardinal : mon dessein n'étoit pas d'envelopper la Comtesse de la Mothe dans cette proscription, la circonstance seule a dirigé cet événement, qui ne cessera d'être incompréhensible qu'après la publication de ces Mémoires.

Pour remplir l'usage que je voulois faire des diamans de ce collier, il falloit le dénaturer. Cela fut bientôt fait. Les soustractions que j'y fis me servirent à des bienfaits, paroissant d'autant plus généreux qu'ils étoient considérables ; mais d'autant plus faciles pour moi qu'ils ne coûtoient rien.

Ce ſont ces mêmes bienfaits qui ont conduit la malheureuſe Comteſſe à l'infamant poteau, & à l'indigne flétriſſure qu'elle eſſuya par la main d'un Bourreau.

Il ne falloit pas moins que la plus profonde politique pour me tirer d'un pas auſſi délicat : toute l'opprobre eût retombé ſur moi, ſi j'euſſé été découverte. Je me ſervis de mes principes ordinaires : je ſacrifiai l'innocence pour ſauver une légere parcelle de mon honneur expirant ; & j'apportai le plus grand ſoin à couvrir cette odieuſe atrocité du voile le plus impénétrable.

La plus légere confidence ſur l'article du collier m'eût été très-nuiſible : auſſi me tins je ſur la réſerve ; & malgré le faux zele du *fourbe Baron de Breteuil*, ſes demandes inſidieuſes, ſon air d'aſſurance, je niai fermement que ce bijou eût été en ma puiſſance : j'aſſurai que je n'en avois pas plus de connoiſſance que de la Comteſſe de la Mothe, & je perdis ainſi cette femme par une criminelle négative.

Me voilà donc abſolument hors de cette procédure, dont je méritois ſeule toute l'infamie ; & l'on n'y faiſoit mention de *ma Majeſté*, que pour accuſer les prétendus ſcélérats qui oſoient abuſer de mon nom. Je n'en étois pas moins en tranſe : j'étois dénoncée par l'évidence, & le ruſé *de Vergennes*, qui avoit calculé juſqu'à quel point je pouvois être intéreſſée dans cette abominable manœuvre, avoit aſſez juſtement combiné pour m'accabler de ſa haine, en fourniſſant indirectement des preuves contre moi.

Le Jugement ſe prononça, toutes les Loix de l'équité furent violées, l'innocence ſuccomba, le Cardinal échappa à ma vengeance ; je fus diffamée par l'opinion publique, & je conſervai toujours la plus grande ſécurité, en conſervant précieuſement trois cent cinquante-ſix diamans du collier que je m'étois ſi finement appropriée, & dont j'eſpere un jour faire monter les bracelets pareils à ceux de la Reine d'Angleterre.

Les intrigues & les tracaſſeries du *Comte de Vergennes*, dans le cours de cette inique affaire, me firent appercevoir combien j'avois à m'en méfier ; & comme les forfaits ne me coûtoient rien, j'en méditai un dont l'exécution ſuivit peu après.

CHAPITRE VI.

Deſtruction d'un ennemi. Renouement d'intrigues. Commencement du Bouleverſement.

L'Empereur ſe déſoloit à la Cour de Vienne du mauvais ſuccès de ſes affaires & de la tournure qu'avoit priſe en France l'affaire du collier ; ſon iſſue détruiſoit totalement ſes projets. Malgré les témoignages qu'ils avoit reçus de moi, de l'imbécillité du Cardinal de Roban, ſa politique lui avoit fait entrevoir que ſon ambition ſeroit plutôt ſatisfaite, & ſes vues remplies avec ce Miniſtre, qui n'eût point héſité à ſeconder le bouleverſement qu'il méditoit, & dont il auroit profité.

Le plus exécrable deſſein occupoit entiérement mon eſprit : Je jouiſſois de toute la gloire que je venois de remporter; mais un de mes ennemis reſpiroit encore. Cabaler pour l'expulſer de la Cour, il n'y falloit pas penſer ; des imputations véritables n'auroient pas réuſſi à faire prononcer ſon éloignement ; à plus forte raiſon la calomnie n'auroit fait qu'ajouter à ſon triomphe.

J'avois entre mes mains la recette de *Marie de Médicis* : le vieux Maurepas en avoit reſſenti les funeſtes effets au moment où je lui jurois une déférence exacte à ſes avis, & une ſincere réconciliation ; je l'avois embraſſé pour le mieux étouffer : rien de ſi ſimple d'en procurer un doſe pareille au *Vergennes*. Ce parti pris, il ne reſtoit plus qu'à l'exécuter : c'étoit là le ſeul embarras : comment y parvenir? Je n'oſais mettre en uſage les préliminaires dont je m'étois

tois ſervi avec *Maurepas* : ce premier, plus pénétrant, ſe ſeroit douté de la cataſtrophe ; c'étoit une autre main qui devoit aſſoupir éternellement ſa haine pour moi. Je ne vis que *la Ducheſſe de Polignac* capable de ſe prêter à cette exécration : je mis les fers au feu.

D'abord, je me plaignis obligeamment que de légeres brouilleries duraſſent encore. Je rappellai ce temps que je traitai d'heureux, où, nonchalamment couchées dans les bras l'une de l'autre, & plongées dans la plus douce ivreſſe, nous nous faiſions les plus ardentes proteſtations de nous adorer toujours ; j'en regrettai l'interruption : quelques feintes larmes coulerent de mes yeux. L'*Androgine* y parut ſenſible : je lui ſautai au cou, nous nous embraſsâmes, & après une mince explication la paix fut conclue..

Je rejettai les tracasseries qui nous avoient séparées, sur le compte de celui que je voulois détruire; il n'en falloit pas davantage pour opérer ce grand œuvre : la rage étinceloit dans les yeux de la Duchesse; elle ne respiroit plus que fureur & vengeance. Le poison fatal fut préparé, adroitement donné, & je vis avec le plus barbare plaisir une langueur mortelle s'emparer de *Vergennes*, le consumer par degrés sans qu'on sût à quoi en attribuer la cause, & ne finir qu'à son dernier soupir.

O ma chere *Jules*, si les expressions de ma reconnoissance peuvent parvenir jusqu'à toi, reçois-en l'hommage! Graces te soient mille fois rendues, d'avoir prêté ton ministere à ce coup hardi; tu m'as délivrée du seul ennemi que j'avois à redouter: Oui, c'est ce trépas forcé qui a maintenu ma gloire & aſſuré ma toute-puiſſance.

Plus le ſervice eſt grand, plus la gratitude doit être parfaite; j'en donnai des preuves à ma favorite, qui l'enchanterent, mais elles étoient ſimulées. Quelques anciennes indiſcrétions de ſa part me revenoient ſans ceſſe à l'eſprit; & maintenant que je penſe aux agitations que j'éprouvois alors, je ne ſais pas quel génie m'a retenue, & empêché le deſir ſecret que je reſſentois de la rejoindre aux autres.

Ces mouvemens ſecrets s'évanouirent peu-à-peu, je revins de bonne foi; les propos légers du Cardinal m'avoient fait trembler ſur la révélation de mes égaremens paſſés. J'avois fait divorce avec les étourdis; il falloit cependant un aliment à ma lubricité; elle étoit plus que ſuffiſante pour contenter mes deſirs. Je me tins donc à elle, sauf à profiter des occasions qui se présenteroient par la suite.

Notre réconciliation fournit matiere à la médisance : je passai bientôt dans l'esprit de la Cour pour la tribade la plus déterminée ; mais peu m'importoit l'opinion ; satisfaire mes goûts, me livrer à tous les excès, tels étoient mes desirs, & rien au monde n'auroit pu m'empêcher de jouir d'un avantage aussi précieux.

L'Empereur nourrissoit toujours l'espoir de fomenter la division ; il me communiquoit ses projets & je le secondois de mon mieux ; mais que pouvois-je opérer qui pût faciliter la réussite qu'il attendoit de mes soins ? L'œil de la défiance étoit ouvert sur toutes mes actions ; &, malgré les intrigues des créatures qui m'étoient soumises, je ne voyois point jour à parvenir à ses fins.

Jules de Polignac devint donc ma favorite & l'ame de tous mes plaiſirs ; mettant à profit tous les inſtans que Louis XVI nous laiſſoit, nous le puniſſions de ſon indolence par le commerce le plus abominable, ſans même prendre la peine de le cacher.

Parfois le Comte d'Artois ſe réuniſſoit à nos orgies libertines ; mais je craignois infiniment ſon approche ; ce vigoureux *joûteur* alloit bon jeu, bon argent ; & ſans certain manege dont la Polignac m'avoit donné la connoiſſance, la Famille Royale auroit été conſidérablement augmentée.

Les eſpérances que le François concevoit d'une amélioration dans l'adminiſtration général, le rendoient à ſes occupations ordinaires, & les nouveaux matériaux que je lui fournis lui inſpirerent ces couplets qui me furent directement adreſſés.

CHANSON.

Air : *Eh! mais oui-dà , &c.*

Or , écoutez l'hiſtoire,
Que je vais raconter ;
Elle eſt facile à croire,
Il n'en faut pas douter :
Eh ! mais oui-dà,
Comment peut-on trouver du mal à ça. (*bis.*)

Notre lubrique Reine,
D'Artois le débauché,
Tous deux ſans moindre peine,
Font ce joli péché.
Eh ! mais oui-dà, &c.

Cette belle alliance
Nous a bien convaincu,
Que le grand Roi de France,
Eſt un parfait cocu.
Eh ! mais oui-dà , &c.

Polignac , cette gueuſe
Vomie par les Enfers,
D'une main odieuſe,
Sert ces crimes divers.
Eh ! mais oui-dà , &c.

Ces couplets augmenterent la rage que j'avois conçue contre le François, & dès-lors je jurai sa ruine.

Le moyen étoit facile, le Ministere annonçoit, depuis long-temps, la ruine que j'avois méditée; il ne falloit plus que la circonstance, elle ne tarda pas à arriver. Le François accoutumé aux vexations, présageoit peut-être les événemens qui viennent de se réaliser; donc, il ne falloit plus que l'éclat, & cet éclat formoit mon bonheur.

Mon époux sommeilloit sur la garantie des apparences, pendant ce temps le crime veilloit, & c'est alors que j'eus occasion de connoître au juste ce qu'étoit le Fraçois.

Les Princes du Sang Royal, issus de la branche des Bourbons, avoient donné maintefois des preuves d'un caractere patriote & d'un amour populaire, mais je les considérois comme autant de girouettes que le moindre vent faisoit mouvoir à son gré.

Rien n'étoit aussi facile que de m'emparer de leurs idées, d'en ordonner l'administration.

Pendant ce temps je continuois à souffrir du caractère bouillant, impétueux & jaloux de la Duchesse de Polignac, dont l'excès étoit monté au point que je le trouvois insoutenable. J'étois donc partagée entre le desir de satisfaire mes inclinations secrettes, de trouver les moyens sûrs de faire tenir à l'Empereur les fonds énormes dont il avoit le plus grand besoin, & de m'asservir les Princes du Sang, ainsi que que quelques autres Créatures, en flattant leur ambition.

Il falloit être ce que j'étois réellement, pour parvenir à exécuter ces grands mouvemens, fourbe, dissimulée, & quelque chose de plus. Je réunissois ces diverses qualités; chaque jour la férocité & la haine pour le François prenoient de nouveaux degrés dans mon ame : ces deux exécrables ſentimens me dictoient mes actions, auſſi celles que je tranſmis depuis à la poſtérité formerent un tiſſu de crimes qui effraya l'univers.

Mon cher d'Artois, ſans être jaloux de la concurrence, me prodiguoit toujours ſes ſoins, j'avois étudié ſon cœur & ſurpris tous ſes ſecrets ; il ne lui étoit plus poſſible de diſſimuler avec moi, & je n'ignorois pas la haine cordiale qu'il partageoit avec moi contre mon époux, & c'étoit de ma part un grand coup de parti que de l'aſſocier à mes abominables manœuvres.

J'entrevoyois déjà, dans l'avenir, l'exécution de ces iniques projets, & je n'y pouvois penſer, ſans que la ſatisfaction ne brille ſur mon viſage, une politique raffinée me ſervit encore, & m'engagea à ménager la turbulente Ducheſſe, dont les intimes fréquentations, avec ceux qui m'étoient néceſſaires, m'y démontroient viſiblement le danger qu'il y auroit eu pour moi de la contrarier.

D'Artois, dont je rafolle toujours, tout éloigné qu'il eſt, &, pour ainſi dire, perdu pour moi; malgré l'eſpérance que je conſerve encore de le revoir triomphant de l'échec qui lui eſt arrivé; d'Artois, dis je, forma, avec moi, le complot de la ligue infernale dont on a vu éclore les pernicieux effets. Je lui en attribuai les avantages du ſuccès, en lui cachant très-ſoigneuſement l'intention que j'avois qu'il appartînt fermement à Joſeph II.

Intimement convaincu, malgré *mes fréquens écarts*, qu'il avoit procuré la naiſſance à l'héritier de la couronne, il ſe pénétroit de douleur en ſongeant qu'il avoit lui-même donné ce nouveau moyen de mon excluſion au Trône (1). Ce fut bien pis encore, au moment où le Duc de Normandie vit le jour. Je vis couler de ſes yeux des larmes de rage. Dès cet inſtant, nous mîmes les fers au feu avec plus d'ardeur, nous réunîmes le plus affreux des *Triumvirs*, & nous jurâmes, dès-lors, la deſtruction du François, & la ruine totale de la France.

Reſtoit à s'aſſurer de ceux que nous comptions ſûrs, & qui ne ſe ſont point

---

(1) Je m'apperçus bien de ce caractere dénaturé, lorſque je dis à cet aimable Prince : *ah ! cher d'Artois, ton petit Dauphin* (ce que j'ignorois encore) *me donne des coups de pieds dans le ventre ; & moi au cul, me répondit-il, ma très-chere :* mais f....., *patience, nous ſaurons bien l'envoyer avec les autres.*

en effet démentis, nous ne tardâmes pas à former cette horrible confédération ; mais contrariés par des événemens auxquels nous ne nous attendions pas, nous nous trouvâmes obligés de remettre à un autre temps l'époque du grand coup que nous voulions porter.

CHAPITRE VII.

Les Parlemens en jeu. Effronterie du cher Comte. Balourdise de Monsieur. Barbarie d'un Commandant du Guet de Paris.

Ce n'étoit pas encore la scélératesse que nous avons montrée depuis qui animoit nos projets ; nous raisonnions alors nos moyens, & le Parlement, sur lequel nous avions le plus compté, fit avorter, par une réſiſtance inattendue, les commencemens de notre entrepriſe.

Le plus imbécille des édits avoit été dicté à Louis XVI, & nous avions droit d'eſpérer que ſon enregiſtrement le rendroit odieux à la Nation. Dans cette circonſtance, le Parlement ſe montra dur & intraitable. Ce Corps politique, preſſentant déjà qu'il alloit ſe couvrir de l'indignation publique, refuſa net, &, par cet acte d'un courage diſſimulé, croyoit faire oublier au Peuple les lâchetés auxquelles il avoit conſenti précédemment.

La ligue, étonnée de cette fermeté, crut d'abord qu'elle n'étoit que feinte, & engagea *le Lion* à montrer les dents à cet Aréopage ridicule : alors les Pariſiens ſe mutinerent, inveſtirent le Palais, & nous étonnerent par leurs tranſports.

Au fond de ſon Palais Louis, ne faiſant que ce qu'on lui faiſoit faire, ſe repoſa ſur d'Artois du ſoin de l'enregiſtrement, & le beau-frere commença, à cette époque, à donner des preuves barbares de ſon caractere féroce & ſanguinaire.

Auſſi poltron qu'à Gibraltar, ce fut en cette qualité qu'il ſe montra. Jurant comme un Energumene, il monta le grand eſcalier bouillonnant de rage, ſes yeux étincelloient du feu de la deſtruction; mais la peur ne tarda pas à glacer ſes eſprits, & ce fier héros, capable tout au plus d'inſpirer de la peur aux lievres, en deſcendit l'oreille baſſe, trop heureux d'éviter le coup que lui préparoit une main hardie, & de regagner ſeul ſa voiture, ſes Gardes l'ayant abandonné à la place Dauphine.

A ſon retour à Verſailles, il déclara

au Très-Débonnaire Louis qu'à l'avenir il pouvoit ſe charger lui-même du ſoin dangereux de faire exécuter ſes volontés, & Monſieur, qui n'étoit regardé qu'avec bonté de la part de ce Peuple ombrageux, voulut bien ſe prêter à appaiſer ce trouble que nous commençions à appréhender.

Il fut applaudi par les Pariſiens bénévoles, qui, ne s'en rapportant jamais qu'à l'apparence, jugeoient bons tous les porteurs de *bonne figure*.

Le Noir, ce ſcélérat, ce tyran Deſpote, nous étoit vendu, & exterminoit miniſtériellement tous ceux qu'il pouvoit exterminer; mais ces infernales opérations n'alloient point aſſez vîte au gré de ſa fureur, & malgré les fréquentes liaſſes de lettres de cachet que nous avions grand ſoin de lui faire tenir, il trouvoit qu'il reſtoit encore trop de Parisiens. Son enthousiasme destructif nous plaisoit infiniment, & nous savions l'encourager en donnant carte-blanche à tous les forfaits qu'il voudroit opérer.

Le Chevalier Dubois, son infâme Agent, secondoit de son mieux les vexations de *l'Empereur des Mouchards*; mais en vrai guerrier, il condamna la lenteur du travail du cabinet, & opéra beaucoup plus vîte avec la poudre & le plomb.

Tel fut le signal de l'alarme & le mobile des événemens arrivés. Depuis le peuple se révolta, brûla les corps-de-garde, &, au risque d'être inhumainement fusillé, contraignit ceux qu'il soupçonnoit être d'un parti contraire à ses intérêts à ployer le genou avec respect devant la statue d'un Monarque adoré, dont la vue arrachoit des larmes & excitoit des regrets amers en comparant la différence des regnes.

Ce Dubois, cet exécrable ſatellite, ce déteſtable ſuppôt de la tyrannie, vit promener ſon effigie dans les rues de Paris, auſſi ignominieuſement que celle de ce ſuiſſe que *l'aveugle ſuperſtition* brûloit toutes les années, rue aux Ours, quartier St. Martin.

Indépendamment de cette promenade, le réſultat fut d'accrocher ce ſimulacre à une vile potence en compagnie de quelques autres auſſi abjects.

Je voyois avec un ſingulier plaiſir ces révolutions qui commençoient à faire naître la diſſenſion, & à préſager la réuſſite que nous ambitionnions. Les coups de fuſil que le *Généraliſſime des troupes à pied du pavé de Paris* fit diſtribuer à droite & à gauche firent retentir à nos oreilles les plus agréables ſons; & le ſang François, offert en holocauſte à l'ariſtocratie que nous méditions, en assuroit la durée infaillible.

Monsieur parvint donc à pacifier les affaires, & donna, en cette occasion, des témoignages assurés de sa pusillanimité; il reçut, avec le sourire que nous lui connoissions, les expressions de la bienveillance, & parvint à ranger avec candeur les affaires nationales un peu plus qu'elles ne l'étoient.

Rien ne pouvoit mieux flatter nos desirs que ces actes révoltans de la tyrannie; mais malgré la satisfaction qu'elle nous inspiroit, nous sentîmes la nécessité de la circonspection & le danger de trop nous montrer. Nous en demeurâmes-là, bien résolus de profiter des premieres occasions. La fermentation étoit à son comble; trop de précipitation pouvoit nuire & renverser de fond en comble l'édifice de notre nouvelle Monarchie. Je profitai donc de cette treve nécessaire pour me livrer à un autre genre d'occu-tions.

CHAPITRE VIII.

Autre personnage. Coquin disgracié. Nouveaux embarras. Conférence secrette. Exposition de complots atroces.

Je crois m'être assez fait connoître ponr qu'on ne doute plus du caractere & des mœurs de la Reine de France ; j'en ai cependant de nouvelles preuves à donner ; elles convaincront que ie devenuis successivement l'esclave du crime, & que les plus grands forfaits ne me coûtoient rien. A la Cour de France chacun à sa marotte. Tout comme un autre j'avois mon Pantalon, & l'élégant Marquis de Bievre, ce charmant polisson, distributeur de

Calembourgs & d'Epigrammes faites à loisir, devint mon Sapajou.

C'est une bien belle chose que l'esprit, bien préférable, sans doute, au génie & aux connoissances ; quand j'eus adopté ce frivole Marquis pour *Président* de mon Bureau, tout se réunit pour en former les Membres, on ne parla plus qu'en Calembourgs, Edits, Lettres-Patentes, Arrêts du Conseil, Déclaration du Roi, Impôt territorial, tout étoit calembourg jusqu'à la Majesté Royale.

J'élevois aux nues ce Mirmidon Littéraire, & à force de soins, de prévenances je le conduisis où j'avois conduit tant d'autres ; c'est à-dire, au voluptueux boudoir du petit Trianon, & le serrant dans mes bras, je le convainquis que la foi conjugale, & que le respect dû au Roi de France étoit de même un vrai Calembourg.

Mes projets paroissoient ensevelis dans l'ombre du silence. Je n'y pensois plus que légerement, lorsque l'agréable *Calembourdier* m'en fit un à commandement, dont l'interprétation me parut plus sûre & plus agréable que l'oracle de Calchas.

Je portois ce jour-là des pantouffles vertes, & dénuées de tous agrémens. Allons Marquis, lui dis-je, eh! vîte un Calembourg? Sur qui? ou sur quoi? Eh! mais sur mes pantouffles. Volontiers, le voici. *L'Univers est à vos pieds.* Il n'y est pas encore, m'écriai-je, mais il y sera. Il fut un temps qu'une profonde hypocrisie aveugloit le François sur le compte de mes vertus, leur tendresse me promettoit le succès de cette prédiction; en levant le masque, je fis changer cette résolution. Mais je n'y renonçois pas; & puisqu'il m'étoit impossible de continuer cet aveuglement, ce sera par des moyens plus suneſtes ; que je ſaurai confirmer la *Centurie* de mon bel aſtrologue.

J'ai déjà dit que Calonne ne fourniſſoit plus aux appointemens comme par le paſſé ; j'avois beau me plaindre ; il n'y avoit plus de reſſources ; il n'en exiſtoit aucunes : comment pouvoit il en fournir ? Déſolée de ce contre temps ; il devint l'objet de ma haine, & le ſacrifiai. L'horrible *deficit* que nous avions fait naître, fourniſſoit les plus violens murmures. Avec les Citoyens Patriotes , je feignis d'en être ſcandaliſée ; mais jugeant bien que je ſerois compromiſe par la publicité de ſes pratiques odieuſes , & ſachant combien il devenoit important pour moi de le faire ſauter, je le fis avertir ſecrétement du danger qu'il courroit à reſter en place ; il ne tarda pas après pluſieurs diſcuſſions ſur ſon adminiſtration à s'éclipſer & à fuir à Londres, ou j'entretins avec lui une correſpondance qui me devenoit néceſſaire.

Il m'importoit fort peu qu'un coquin de ſa trempe ne fût plus en place, puiſqu'il m'y auroit été inutile ; mais les embarras augmenterent, ainſi que mes diſſipations continuelles & mes exceſſives prodigalités que j'étois bien éloignée de vouloir diminuer. J'enrageois de toute mon ame que les fortunes Françoiſes ne fuſſent pas en ma diſpoſition.

J'entrevoyois avec délices le moment où ce miracle s'opéreroit ; mais je n'en étois pas moins contrariée dans toutes mes idées, l'Empereur me harceloit, ſes finances totalement épuiſées ne lui laiſſoient plus que l'odieuſe reſſource que nous avons employée avec tant de ſuccès : *voler ſon Peuple.*

Brienne, cet Archevêque impie,

fourbe & hypocrite, vint à son tour manier les Finances. Quel homme ! son administration prouva bien tout le ridicule du choix qu'on en avoit fait. Egoïste *comme un Prêtre*, nous ne pûmes réussir à lui faire completter la calamité publique entre notre faveur; le coquin, sans s'embarrasser de nos menaces, ne voulut travailler que pour son compte, & nous força, le cher beau-frere & moi, à recourir lâchement au vol pour alimenter notre infame cupidité du reste médiocre des deniers Royaux.

Louis XVI, dont la confiance étoit sans bornes dans les Ministres à notre dévotion, se reposoit entiérement sur eux des grands travaux des affaires de son Conseil : signant aveuglément les sottises & les horreurs auxquelles nous donnions une forme spécieuse. De temps à autre, il s'informoit si son Peuple étoit heureux, on pressent la réponse. Aucuns de ses justes murmures ne parvenoient jusqu'à lui, & les impudentes affimations de nos viles Créatures redoubloient sa tranquillité ; renfermé dans son cabinet des heures entieres, il s'amusoit à des niaiseries, ou dormoit sur la sécurité où nous l'avions plongé, & où nous avions grand soin de l'entretenir. Sur l'article de *l'argent* seul, il étoit intraitable. Son extrême économie étoit dégénérée en avarice, & sa maxime favorite étoit que chacun dans son Royaume, *même lui*, devoit se contenter du nécessaire. En nous asservissant à cet idiôme bizarre, toute la Mai on Royale auroit formé le plus joli ménage Parisien, & nous aurions mangé tous à la même table, comme les plus épais Bourgeois. Il faut en convenir, ces unis soupers de famille auroient été quelque chose de bien plaisant.

La néceſſité, la dure néceſſité nous conduiſoit cependant à exécuter les royales volontés de mon époux. Nous frémiſſons de rage en ſongeant qu'il exiſtoit en France des particuliers infiniment plus riches que nous, & qui, par des concuſſions inouies avoient acquis le titre de Millionnaires.

Nous eûmes d'abord recours à quelques-unes de ces ſang-ſues, & nous fîmes des emprunts.

Le ſieur *Pinet*, entr'autres, jouiſſant d'une fortune conſidérable, nous fut d'un merveilleux recours; nous en tirâmes des ſecours conſidérables, & nous garnîmes ſon porte-feuille de *faux*. Précautions qu'en ce temps nous n'euſſions pas priſes, ſi nous avions prévu la *tournure* des affaires, & ſa mort tragique dont nous pouvons de bonne foi nous déclarer les auteurs

Ce manége, si digne de nous, & que la postérité auroit peine à croire, dura quelques années : nous pressurions les bourses de ces agioteurs de fortunes, & nous leur donnions en échange des sommes immenses que nous en tirions, *des sourires engegeans, des coups d'œil flatteurs*. Ces paiemens faciles à faire pour des qui craignent peu de se compromettre, étoient réservés pour ceux qui mendioient bassement notre faveur & notre protection ; pour ces sauvages qui ne s'attachent qu'à la réalité, & qui ne traitoient avec nous que dans l'espoir de décupler au moins les sommes prêtées : nous les induisons *royalement* en erreur. C'est une œuvre méritoire de châtier l'avarice en y ayant recours.

Ces petites expiégleries furent reconnues de la plupart, qui s'en plaignirent avec aigreur. Alors le Noir & Compagnie venoient à notre ſecours ; la lettre de cachet ſe lançoit ; le Plaignant faiſoit un tour à la Baſtille ou ailleurs ; le porte-feuille ſe trouvoit en la puiſſance de notre Aſſocié le Lieutenant de Police, les effets nous rentroient, & de cette maniere, nous commercions ſans crainte.

La vérité n'eſt pas tellement enſevelie au fond d'un puits, que par fois elle ne ſe montre ; ce torrent d'iniquités groſſiſſoit tous les jours : bientôt les reſſources furent entiérement perdues.

Nous tînmes conſeil alors ; car enfin il nous falloit de l'argent à tel prix que ce fût, & s'il eût ceſſé d'exiſter en France, nous en euſſions été chercher au centre de la terre : c'eût été notre dernier moyen.

Le cher beau-frere, fertile en expédiens, m'en ſuggéra un qui ne m'étoit jamais venu dans l'idée, & qui nous fut très-avantageux ; il me fit observer l'ascendent que j'avois sur mon benin d'époux, à *l'intérêt* près. Sa tendresse pour moi, un des foibles qu'on ait jusqu'alors à lui reprocher. Depuis que l'ivresse de mon libertinage m'avoit éloignée de lui, soit chagrin, soit goût particulier, le Roi avoit contracté l'habitude de relâcher de son économie en faveur de la bonne chere. Le vin sur-tout commença d'avoir des attraits pour lui ; & les ivrognes conviendront avec moi que les premieres atteintes que cette passion livres aux individus qui s'y attachent, ne tardent pas à redoubler.

Le Monarque François buvoit donc de temps à autre : dans ces momens bachiques, son amour redoubloit. Alors je lui aurois fait signer l'abdication de son Royaume ; &, fidele à ses engagemens, lorſqu'on pouvoit lui prouver que ſa ſignature n'étoit pas ſuppoſée, nous réſolûmes d'employer ce favorable moyen pour lui extorquer.

Je ne pouvois gueres réuſſir dans ce louable projet, qu'en me rapprochant de lui & en flattant ſa manie. Rien ne pouvoit lui plaire davantage: je le vis complaiſamment; je carreſſai ſon penchant, & nous bûmes enſemble. J'apportai cependant le plus grand ſoin à redoubler la doſe à ſon égard; & quand je le voyois au point où je le deſirois, j'employois les larmes, les prieres, je prenois la plume, lui conduiſois la main, & le nom de *Louis*, que je lui faiſois tracer, me mettoit en poſſeſſion d'un *bon de caiſſe* des plus conſidérables, que je partageois enſuite loyalement avec d'Artois, comme auteur de l'invention.

Alors, le Brienne ceſſa d'être fatouche & commença de comprendre, comme Calonne, qu'il ne jouiroit sans crainte du fruit de ses larcins, qu'en consentant au partage. Ces *bons* le firent trembler, & rassurerent cependant sa conscience qu' on sait assez *timorée*. D'ailleurs la signature du Roi devenoit pour lui un titre légitime de justification en cas d'événemens. Les fonds. Les fonds recommencerent donc à rentrer.

Il paroissoit très - étonnant à mon cher époux, que j'eusse redoublé d'ardeur au moment où il paroissoit le moins y compter ; mes tendres attentions pour sa personne sacrée lui donnerent de l'ombrage, & mon affectation à le faire écrire chaque fois que je le voyois en bonne disposition, ne contribua pas peu à augmenter le soupçon que mes caresses n'étoient pas naturelles. Il résolut de vérifier ses conjectures : je fus prise à la feinte, que pour la premiere fois de ſa vie, ſans doute, il mit en uſage. Les *bons* ceſſerent; Brienne fit un ſaut pour paſſer au Miniſtere d'Etat, & nous fûmes encore une fois dans la criſe.

Nous jugeâmes alors qu'il étoit grandement temps de ſe réunir pour conſommer l'entrepriſe exécrable qui avoit avorté lors de la cataſtrophe du Palais de Juſtice. D'Artois bornoit ſes occcupations à railler les mécontents. Lorſque je lui communiquai que je ne pouvais plus compter ſur l'effet de mes attentions pour Sa Majeſté, à l'effet d'en obtenir, ce que modeſtement nous nommions *nos beſoins*; il ſe rendit à mon avis, & s'employa dès ce moment à jetter les fondemsns de la plus déteſtable *ariſtocratie*.

La Ducheſſe de Polignac qui perdoit & regagnoit alternativemens ma

confiance

confiance, jouissoit à cette époque de ma tendresse ; & connoissant jusqu'à quel point elle seroit utile à nos pernicieux desseins, je l'accablai de faveurs : elle fut absolument initiée.

Nous la lâchâmes après les Princes, & cette lubrique courtisanne employa tout pour se les attacher ; il lui en coûta peu pour se prostituer : l'habitude en étoit contractée depuis long-temps, & la force de la vérité m'engage à lui rendre un éloge qu'elle mérite à si juste titre. C'est qu'une fois en possession de ses secrets appas, il étoit impossible de lui rien refuser. J'en ai quelquefois fait la dure épreuve.

Elle ne tarda donc pas à amener à nos comités secrets, non-seulement les Princes du Sang Royal, mais encore les Nobles Seigneurs de France, quelques Membres épars du

Clergé, *des lâches obligés*, & par son moyen, nous fîmes une admirable recrue.

Nous commençâmes alors nos conférences, & à huis-clos nous formâmes le plus horrible plan.

D'une voix unanime, je fus nommée chef de cette affreuse conspiration. D'Artois, mon Lieutenant; la Polignac, mon Aide-de-Camp; Condé, Conti, Bourbon, nos Conseillers; & le reste opinants. Les articles de ce projet sont trop intéressans pour les passer sous silence, je vais en donner le détail sui-l'ordre qu'ils ont été dressés.

ARTICLE Ier

Le plus horrible serment que la rage puisse inventer, sera prononcé avant de procéder en aucune maniere aux conventions des faits; &

la mort ſuivra de près la plus légere tranſgreſſion...... *approuvé.*

ART. II.

Ayant toujours eu pour le Sang François un horreur invincible, & dans lequel j'aurois voulu me baigner à loiſir, chacun des Membres de cette honorable ligue emploiera les moyens les plus ſûrs pour en faire couler des flots...... *approuvé.*

ART. III.

Chacun des Colonels ou Commandans des troupes de Sa Majeſté réunira tous ſes efforts pour s'aſſurer des Chefs ſubalternes des régimens en leur puiſſance, ſans cependant leur donner une parfaite connoiſſance de nos deſſeins;

afin qu'ils difpofent leurs Soldats à une obéiffance aveugle.

ART IV.

Le Prince Lambefc, ici préfent, s'obligera à nous affurer que fes Allemands, fur lefquels il a tout pouvoir, nous donneront jufqu'à leurs derniers foupirs des témoignages d'une inviolable fidélité.

ART. V.

Nommons pour Généraliffime de nos Troupes, le Maréchal de Broglie; & lui ferons fur le champ prêter ferment en cette qualité.

ART. VI.

Ces articles établis, chaque Prince du Sang Royal, dès cet inftant, travaillera de ſon côté à s'aſſurer des créatures, & à leur inſpirer des ſentiments de haine & de fureur pour la Patrie.

ART. VII.

Proſcrivons le Duc d'Orléans, comme populaire & rebelle à nos intentions.

ART. VIII.

Comme on ne doit rien décider à la légere, remettons à la pluralité des avis ſecrets de notre comité particulier, à prononcer ſur les perſonnes qui ont en main l'autorité royale.

ART. IX.

Le comité général ſe tiendra chaque

semaine, & le particulier toutes les nuits ; en le changeant de place suivant l'occasion.

Art. X.

Il sera prononcé un serment solemnel, qu'au premier signal de la destruction il ne sera épargné personne, sans distinction de parents, amis ou autre considération particuliere ; nos amis exceptés.

Ces articles confirmés par la voie du serment, je ne m'occupai plus, ainsi que mon Lieutenant, mon Aide de-Camp, qu'à prendre entre nous des mesures paticulieres pour disposer du Trône à notre gré, en en écartant les rejettons, & à nous déterminer de ce que nous ferions de nos complices après l'événement, qui ne pouvoit tarder d'arriver, d'après l'intention que nous avions de confier le Peuple

Français, ce si bon troupeau, à des chiens enragés, en aveuglant le Pasteur jusqu'à l'heure de sa perte. Breteuil avoit cédé sa place à l'ambitieux de Brienne : par l'entremise de la cabale de la Cour, ce dernier avoit pour Substitut à l'Archevêché de Paris, l'imbécille *de Juigné*, connoisseur en vins de Champagne, & stupide jusqu'à la méchanceté. Necker faisoit de graves spéculations sur le *déficit*, & prouvoit éloquemment à la Nation qu'il étoit possible de le réparer sans que lui-même en conçût les moyens. *Villedeuil*, notre ame damnée, avoit passé de l'Intendance au Ministere, avec toute la logique des Richelieu & des Saint-Florentin ; il falloit protéger les uns, détruire les autres : la calomnie, cette exécrable Déesse du crime qui présida à ma naissance, nous prêta son ministere pour exécuter ces abominables forfaits. Dans les intervalles que nous laiſſoient nos importantes occupations, nous aiguiſâmes des poignards, préparâmes des poiſons, & attendîmes avec toute la tranquillité de francs ſcélérats conſommés dans le crime, l'inſtant heureux où devoit ſe repréſenter le ſpectacle horrible dont la jouiſſance avoit tant de charmes à nos yeux.

CHAPITRE IX.

Plaiſirs de Saint-Cloud. Travaux Miniſtériels. Mort préparée. Vie terminée. Et garre la bombe.

A ce moment où la Nation, plongée dans un ſommeil léthargique, gémiſſoit en ſilence ſur ſes pertes, dévoroit ſes chagrins & n'oſoit encore faire éclater ſa douleur, je me repoſois toujours, au ſein de nouveaux plaiſirs, de nos travaux criminels. Il y avoit long temps que je n'avois viſité mon acquiſition de Saint Cloud, & conſommé des ſacrifices à l'amour dans ces voluptueux boudoirs conſtruits à tant de frais, & pour me ſervir de l'expreſſion Pariſienne, *du plus pur ſang des malheureux*. Je réſolus d'ajouter à ma barbarie, en travaillant à la cimentation de nos complots odieux, dans ces riches appartements que l'élégance à décorés.

A cet effet je voulus préparer ces entrevues en y donnant des rendez-vous à mon Adjoint en plaiſirs & en cruautés; à ce titre, chacun dira que c'étoit au cher beau-frere: oui, ſans doute, on ne ſe trompe pas. C'eſt directement le cher beau-frere que j'introduiſis dans ce ſéjour enchanté, & que je renouvellai avec cet Adonis, modelé sur le corps d'Hercule, ces postures ravissantes qui m'avoient tant de fois plongée dans le délire. J'avois quelquefois joint la Duchesse de Polignac à ces séances luxurieuses : à ces voyages elle fut de toutes les parties; actrice de toutes les scènes libertines; nos trois corps entrelassés formoient les groupes les plus rares & les plus intéressants. Enervés par nos plaisirs, épuisés de fatigue, nous n'y faisions treve que pour insulter à la misere publique & boire à long traits dans la coupe du crime. Le breuvage qui la remplissoit, nous présageoit que bientôt, à l'exemple de Caligula, nous y boirions le sang Français, & dans leur propre crânes; raffinement barbare dont l'antiquité nous a donné plus d'un exemple.

Les cruautés de Néron, Scilla,

Louis II, Louis XIII, n'approchent pas de celles que nous méditions au milieu de ces infâmes proſtitutions. Nous liſions d'avance, dans l'avenir, les horreurs, l'incendie, le ſacrilege, le viol, l'inceſte, le parricide, la profanation, les touchants récits qu'on en feroit. Nous repaiſſions nos yeux d'une Patrie livrée aux flammes, des corps ſanglants & déchirés ſe préſentoient à nos regards, les peres & meres égorgés, les fils impitoyablement maſſacrés, les filles à qui la fureur du Soldat n'auroit laiſſé qu'un reſte de vie pour déplorer le raviſſement de leur pureté, les plus beaux édifices réduits en cendre, un Royaume fondé par la ſcélérateſſe, le deſpotiſme & la cruauté ſur les ruines d'une Monarchie détruite de fond en comble !...... O France, tel étoit le ſort qui t'attendoit & l'eſſence du complot que nous formions au ſein de la débauche.

Necker, ce Ministre adroit, ce zélé réparateur des Finances, nous refusoit toujours le nécessaire, comment faire en pareil cas? L'éloigner, me paroissoit ainsi qu'à toute la confédération le parti le plus prudent; mais *Louis*, ce cher mari, cette *idole* de la Nation, se refusoit à cet acte de politique. Je connoissois le caractere de ce *bon Roi*, simple, facile à séduire, religieux : or, il falloit se servir des armes que nous avions contre lui; employer le manteau de la Religion, me sembloit le moyen le plus utile & c'est ce que je fis.

J'ai déjà désigné M. de Juigné comme l'être le plus sot, le plus imbécille que je puisse rencontrer, mais comme de pareils personnages sont souvent très-*entêtés*, difficiles à dompter, c'étoit risquer beaucoup que de vouloir l'admettre à nos conférences; cependant la néceſſité l'exigeoit abſolument, & les confédérés ſouſcrivirent à ſon admiſſion.

Il falloit porter le grand coup, avant que de rien entreprendre; de ce grand coup dépendoit la réuſſite : la France avoit un Dauphin, & de telle maniere que les choſes euſſent tourné, l'héritier préſomptif du Trône y avoit un droit excluſif. Or, il étoit important de l'exclure, la mort ſeule pouvoit opérer cette grande œuvre; il fallut bien s'y réſoudre.

Je l'ai déjà dit, je connoiſſois parfaitement la recette de Catherine de Médicis, je ſavais à quel dégré on pouvait diſpoſer de l'exiſtence, & prolonger ou abréger la deſtinée, ſuivant la circonſtance.

Cet *Embrion* Royal gênoit toutes

nos manœuvres, & quoique le fils commun des deux freres, le Duc de Normandie existât alors, il étoit important de se débarrasser ensuite de l'autre, la voie étoit si facile.

Je mis la main à l'œuvre; je distillai moi-même ces jus apportés de Colchos par la fameuse Médée (1), si communs à Paris, dont la *Brainvilliers* a fait usage, & qui me garantissoient le succès de mon entreprise.

La constitution du Dauphin secondoit mes vues; foible & languissant, ne ressemblant en aucune maniere à son pere, que toute la France connoît par la diversité de ses aventures, tant avec la *Contat* qu'avec *Duthé*

(1) Empoisonneuse au premier chef.

& mille autres proſtituées de cette eſpece.

Rien ne pouvoit mieux faciliter mes deſſeins ; j'adminiſtrai d'abord une légere doſe, afin de n'avoir rien à me reprocher ; je vis alors quelles précautions j'avois à prendre par le ſuccès de cette premiere tentative.

Le Peuple, aux premieres annonces de la maladie, commença, ſuivant ſa maniere, à raiſonner ſur les cauſes ; mais les effets ne pouvant s'en démontrer, on juge bien que je paſſai outre ; je redoublai la *potion*, & de ce redoublement, ſuivit ce que nous attendions depuis long-temps, la mort du *préſomptif*.

Il mourut donc enfin ; le deuil ſe prit, c'eſt l'uſage. Je n'en continuai pas moins à ſuivre mon plan : je riois en moi-même des conjectures qu'on en pouvoit tirer ; ce n'etoit au fait qu'un apperçu d'homme de plus dans l'autre monde.

Le petit frere de Normandie existoit comme je l'ai dit ; mais celui-ci ne nous gênoit pas pour le moment. Il étoit encore trop jeune pour qu'on en puisse concevoir de l'ombrage ; d'ailleurs il étoit toujours temps.

CHAPITRE X.

La cabale fait de nouveaux progrès. L'imbecile se montre. Un autre suit son exemple. Jusqu'à présent tout est au mieux.

Suivez, ô vous qui lirez ce détail, le tissu de cette trame, & vous tomberez d'accord que sur la terre il n'étoit pas possible qu'il existât un monstre aussi dénaturé que moi. Je faisois consister ma gloire à m'avouer la plus abominable des créatures ; & déjà

déjà toute la France en étoit convaincue.

La cabale, ainsi nommions-nous notre exécrable confédération, grossissoit tous les jours, & le moment funeste de l'exécution que nous nous proposions étoit près d'arriver : Ce qui le retardoit, étoit la grande confiance que le Roi avoit au Ministre Necker, il falloit donc l'éloigner ou s'en défaire. Nous procédâmes au premier de ces deux partis, nous réservant de recourir au second, en cas que la premiere tentative soit sans effet.

Le très digne Archevêque de Paris me parut très propre à jouer un personnage dans cet acte si contraire aux intérêts Français ; nous commençâmes à nourrir son espoir & à flatter son ambition. Du moment que nous le crûmes au point que nous le desirions, je me chargeai de lui expliquer nos intentions.

Eh quoi ! dis je à ce Prélat ; n'eſt il pas horrible que nous ſouffrions à la tête des affaires un homme qui en contrarie les plus juſtes opérations. Aidez nous de votre Miniſtere : la Religion vous p ête des armes. Servez vous-en pour écraſer cette hydre qui nous maîtriſe & q i voudroit nous dévorer : vous ſeul pouvez vous ſervir de l'aſcendant que la foibleſſe du Roi vous donne. Vous le connoiſſez : ſervez-vous de cet extérieur impoſa t qui vous ſied ſi bien ; nous oſons tout en attendre : attendez tout auſſi de la faveur & de la protection.

Ainſi embauché, ce Cafard au ton bigot & hypocrite fut trouver mon époux, & fut le prendre dans un de ces momens qu'il conſacroit par tour à sa dévotion. Eh quoi ! dit ce scélérat, ce tartuffe ; vous êtes Roi, & l'irreligion régne conjointement avec vous ! C'est un *athée* qui, sous le nom d'un Roi chétien, donne des Loix à la France. Quel est le but que vous osez en attendre ? Espérez-vous que la Religion, cette consolation des malheureux, favorisera cette perversité ? Craignez, craignez plutôt de voir tomber sur vous, sur votre famille & sur votre peuple, l'effet de la vengeance du Très-Haut ; le voici *votre Dieu*, en lui présentant un Crucifix ; il vous ordonne par ma voix de proscrire ce mécréant qui perd la Nation, qui vous avilit dans l'esprit des Français, qui outrage le Caholicisme dans ses Saints Ministres. Tremblez de ne pas obéir à sa voix. Je suis son organe : craignez le sort de quelques-uns de vos prédécesseurs. Dieu est bon ; mais sa miséricorde se lasse à la fin, & sa vengeance peut vous susciter des *Ravaillac* & des *Jacques Clément.*

Cet insolent discours eut tout l'effet que nous en attendions. Mon époux effrayé de l'incartade de l'audacieux Prélat, crut déjà voir les foudres du Ciel tomber sur sa tête, & ne put résister au mouvement de crainte qui le dominoit; il envoya demander le porte-feuille au Ministre, & lui fit injonction de se retirer sous vingt-quatre heures.

La fourberie, le bigotisme, servit donc à consommer cet acte affreux du despotisme & de la rage qui m'animoit. Nous lisions dans l'avenir la réussite de nos exécrables complots, lecture mensongere que les circonstances suivantes ont démentie.

Il s'agissoit de faire changer de même toute la face du Ministère.

Nous employâmes la plus baſſe intrigue pour y parvenir, & nous jouîmes de la plus douce ſatisfaction d'environner le Roi de fourbes, de ſcélérats & de méchans.

Breteuil, l'infame Breteuil, reparut ſur les rangs; Broglie, cet indigne Maréchal, ce Généraliſſime de nos Troupes, lui fut joint; Barentin, ce gredin, élevé à force de baſſeſſes, fut auſſi le Collegue de ces infames Miniſtrès : comment pouvions-nous craindre d'être trompés dans notre attente?

J'avois d'autant moins lieu de redouter l'événement qui s'eſt réaliſé depuis, que le Roi donnoit moins d'attention que jamais aux affaires. *Foulon*, cet épais maltôtier, l'avoit aſſuré que le bonheur public étoit hypothéqué à ſon miniſtere. Son gendre, digne à tous égards d'appartenir à ce monſtre, *Berthier*, l'honorable aſſocié de nos forfaits, répondoit au Roi de la tranquillité des Pariſiens & de la félicité générale.

Nos Aſſaſſins enrégimentés, campés aux alentours de Paris, étoient diſpoſés au moindre ſignal à fondre ſur le Peuple & à nous débarraſſer de cette canaille abjecte que nous avions en horreur.

La Polignac, cette mégere qui m'étoit ſi fortement unie, mettoit en uſage tous les moyens néceſſaires, & cette mépriſable ennemie du genre humain jouiſſoit d'avance, ainſi que moi, du ſuccès de l'entrepriſe.

D'Artois, mon cher d'Artois, ſe repaiſſoit des charmes futurs de la royauté. Déteſtant le Roi, il attendoit le grand jour qui devoit le mettre en poſſeſſion du Trône; l'Empereur, de ſon côté, ſoupiroit après l'inſtant heureux qui depuis ſi long-temps étoit l'objet de ſes deſirs. Le glaive étoit ſuſpendu ſur toutes les têtes; *Lambeſc*, ce vil Prince provenu d'une race monſtrueuſe & fertile en traîtres & en aſſaſſins, pouvoit à peine réprimer ſa bouillante ardeur; ſes féroces Soldats attendoient impatiemment le ſignal de la deſtruction. Il ſe préſentoit à nos regards, & nous voyions avec délices en approcher l'événement; tout étoit au mieux pour nous.

CHAPITRE XI, & Concluſion.

Changement total. Les traîtres tremblent à leur tour. Amant perdu. Faux repentir. Preuve complette de méchanceté, de ſcélérateſſe & d'hypocriſie.

Le moment approchoit où nous allions jouir du fruit de nos peines infernales & punir les téméraires qui avoient oſé blâmer publiquement mes criminelles amours.

D'Artois avoit déjà tenté de porter au Roi le coup mortel, & ce Monarque ne l'avoit évité que par la prudence d'un brave Général (1), prévenu à temps par un de nos Agens. Ce coup heureux assuroit notre espoir. Mon époux, aux sombres bords, me paroissoit bien mieux que sur le Trône; & si quelque chose eût manqué à mes desirs, c'eût été de l'y conduire moi-même en la compagnie de l'insouciant Monsieur, de sa chere épouse & de mon autre bégueule de belle-sœur.

La veille de cette exécution sanguinaire, je jouissois de tous les charmes de l'espérance; j'en savourois les délices dans les bras du beau-frere & de *ma*

(1) Le Comte d'Estaing, si connu par son zele patriotique, & dont les fautes ne sont applicables qu'à ses Commettans.

bonne de Polignac, quand l'imprudent *Lambesc*, ou plutôt la Providence qui vouloit arrêter le cours de nos barbaries, vint au secours d'un Peuple que nous voulions détruire.

Ce lâche bourreau national, aussi cruel que nous, mais moins politique, porta le premier coup, & par cette imprudence, mit obstacle aux succès de notre crime. Le malheureux, que n'est-il au fond des enfers ! C'est ce lâche qui est cause que je suis condamnée à une honte éternelle & à l'ignominie, à moins que le sort heureux ne renoue ce tissu d'abominations & ne nous replace au haut de la roue de fortune, d'où la promptitude de ce coquin nous a fait descendre.

Représentez-vous, François, l'excès de ma rage, lorsque j'appris que vous aviez pris les armes. Je vomis les plus affreuses imprécations contre l'Etre Suprême qui se déclaroit le protecteur de vos jours. Oui, si je n'avois consulté que les transports qui m'animoient en cet instant, armée d'un triple poignard, je me serois mise à la tête des Troupes étrangeres vouées à nos volontés, & j'aurois porté la mort dans votre sein.

Mais, ô Ciel! nos revers se multiplient; quelles affreuses nouvelles! Eh quoi! les Parisiens sont autant de Césars & de Brutus; la Bastille est conquise; vous avez déchiré son impitoyable Gouverneur, & commencé sur les exécrables Agens de ma fureur, les actes de votre vengeance.

Vous avez proscrit ma tête. Eh bien, François! je vous la porterai, non dans cet instant où le respect imbécille que vous avez pour vos Rois enchaîneroit votre bras; mais quand j'aurai mis le comble aux atrocités que je me propose, quand j'aurai détruit la plus grande partie de vous par le poiſon, puiſque le fer ne l'a pas pu faire. Oui, comme une autre *Jézabel* & ſemblable en tout à cette femme impie & meurtriere, à cette Reine barbare & ſacrilége, je veux me faire un nom à force de forfaits, & duſſai je expirer comme ce monſtre exécré de la nature entiere, & mes membres palpitants être dévorés par les chiens; ſi j'ai pu faire tout le mal que je vous ſouhaite, mon dernier ſoupir ſera une action de graces que je rendrai aux furies qui m'inſpirent.

Que mon époux tremble lui-même en liſant cet expoſé de mes ſentiments, je l'abhorre & le déteſte; oui, c'eſt par lui que je veux commencer une nouvelle carriere de ſcélérateſſe, la main de d'Artois, de mon amant, oui de mon amant; car je me plais à l'avouer, je m'en glorifie aux yeux de l'univers. Sa main, dis-je, ne m'a pu délivrer d'un tyran que je hais; je le commettrai cet attentat, & ſi j'épargne mes enfants, c'eſt en faveur de leur naiſſance. Le ſang de d'Artois coule dans leurs veines; ô mes enfants, apprenez le ſans en rougir, vous êtes les dignes fruits de l'amour.

Comment pourrois-je parvenir à conſommer ce grand ouvrage? ô Megère, inſpire-moi....... Ah! ton génie ſe communique, je le ſens aux tranſports qui m'enflamment & m'animent; voici donc comment je m'y prendrai, en continuant de vous abuſer.

D'Artois partit & m'embraſſa les larmes aux yeux : je le chargeai de mes vœux pour l'Empereur. Je perdis en un clin d'œil, favorite, amans, en un mot, mes plus cheres créatures; le Roi revint triomphant de la *Boucherie de l'Hôtel-de-Ville de Paris*, où je le vis aller avec ſatisfaction, malgré mes larmes feintes pour l'en empêcher. Il reçut ſur ſon paſſage les témoignages de l'amour du Peuple pour ſa perſonne, & de ſon exécration pour moi; j'eſſuyai ſes reproches avec les dehors affectés d'un faux repentir.

La Comteſſe d'Artois me reprocha vivement d'avoir conduit ſon mari à ſa perte, je pleurai ſur cette ſuite d'égarements, mes larmes parurent celles de la contrition; elles étoient celles de la rage.

Neker revint, qu'on ne s'imagine pas que je le revis avec douleur, non il eſt maintenant en ma puiſſance cet objet de ma haine; le moment de ſa perte approche, & les précautions que ſa Béate d'épouſe prend pour l'y dérober seront vaines.

Je Jouai donc l'hypocrite, & affichai tout ce qui caractériſe la duplicité. Je vous écrivis ſots Pariſiens. Je cherchai à pallier mes torts en les rejettant ſur les conſeils & l'imprudence; dupes ou non, de la validité de mes expreſſions, je ne me fis pas moins honneur de ma résignation ; mais jugez de la fausseté de mon cœur.

Vous vous croyez en sûreté, parce que votre breve justice à fait fuire les Princes que vous traitez d'Aristocrates. Vous dormez en paix sur la foi de vos districts ; mais craignez pour l'instant du réveil.

Paris manquoit de pain. Le Roi par un sacrifice généreux qui lui est ordinaire, défendit le jour *de Saint Louis, autre benêt qui mit la France à la mendicité, pour aller en Capucin à la Palestine* : le Roi défendit de faire jouer les eaux & de la prodiguer, comme plus nécessaire à l'exercice des moulins. Moi je les lâchai à Saint-Cloud, non comme aussi nécessaire, mais dans le seul dessein de le contrarier.

Le bruit courut que la fête ordinaire de ce Temple de plaisirs n'auroit pas lieu, que je l'avois expressément défendue. Ce n'étoit donc qu'imparfaitement que mon ame étoit connue, & les plaisirs que je me destinois faute de pouvoir m'en procurer d'autres.

Au sein de la misere & de la calamité, le Peuple pouvoit-il être plus sensiblement outragé qu'en le rendant spectateur de la somptuosité de cet asyle où j'ai tant de fois médité sa ruine, qu'en le faisant parcourir ces élégants appartements décorés par le luxe & le libertinage, que de lui faire contempler ces lits riches & voluptueux, où le Comte d'Artois à procuré des héritiers à la Nation.

On me l'a rapporté, & je le crois. Les Habitants de la Capitale s'y sont transportés en foule; ils ont vu ces meubles magnifiques, fruit de mes rapines royales, chacun d'eux étoit témoin muet de ses malheurs, les larmes couloient de leurs yeux, larmes délicieuses! vous alimentiez ma fureur!

J'attends tranquillement quelle sera l'issue

de tout ceci, & je jouis d'avance en pressentant que la chance ne sera pas heureuse ; elle ne sauroit l'être, le moyen effectif est banni du Royaume, & j'en suis la premiere cause. L'Assemblée Nationale peut continuer d'opérer, & de vous envoyer périodiquement le résultat de ses graves séances ! ô François, vous aurez des mots & point de pain, ou ce sera réellement pour vous le pain de la douleur.

Vous vous imaginez bonnement que la réforme que j'ai fait faire de la pâtisserie de ma Maison étoit une œuvre bien méritoire. Insensés, semblables aux enfants que le moindre joujou distrait de ses legers chagrins, vous avez crié au miracle, & préconisé mes remords ; mais n'y croyez pas, c'est la dragée amere que je vous ai envoyée, une fois l'enveloppe fondue, que restera-t-il ? Le fiel.

N'en doutez pas, je suis toujours la même,

même, c'est-à-dire, une femme orgueilleuse & vindicative, & lorsque le moment viendra où je dois rejoindre aux enfers les Reines de France, *scélérates & prostituées*, je veux qu'on grave sur ma tombe, s'il se trouve quelque coin de terre qui veuille me recevoir & des mains qui ne craignent pas de se souiller en m'y plaçant :

Sous ce Tombeau l'orgueil dépose
Le vil rebut de l'Univers;
Passant, crois moi, si sa cendre y repose,
C'est, que son ame est au fond des Enfers.

F I N.

AVIS.

On prévient le public qu'il paroît une édition de cet ouvrage où il se trouve à la fin deux pièces absolument inutiles & étrangeres, qui paroissent depuis très-long-temps, intitulées : *Réception* & *Pénitence du Comte d'Artois*, nous n'avons pas jugé à propos de grossir notre édition de ces deux feuilles, qui n'ont été ajoutées que pour débarrasser les magasins du marchand & grossir le volume.

N. B. L'Editeur de ces Mémoires prévient le Public, que ce n'est qu'à ceux-ci qu'il peut réellement croire. Depuis nombre d'années à l'affût de ce qui s'est passé à la Cour de France ; quelquefois témoin des orgies de la Reine. A l'instant où il a terminé cet Ouvrage, il a brûlé les matériaux qui lui ont été confiés. Prompt à saisir toutes les actions de l'infame Messaline dont il emprunte le langage, il poursuivra à les transmettre au Public, bien persuadé que la barbare méchanceté de cette infernale furie lui en fournira l'occasion.

www.ingramcontent.com/pod-product-compliance
Ingram Content Group UK Ltd.
Pitfield, Milton Keynes, MK11 3LW, UK
UKHW022114260726
13993UKWH00001B/500